市場七十
生活学

未来を拓く
人文・社会科学

はじめに

一九九〇年代以来、「市場機能の重視と政府機能の縮小」が大きな流れとなった。「構造改革」「官から民へ」「規制緩和」とスローガンは時々に異なっていても、市場メカニズムを重視した社会の構築へという方向性は一貫している。

このような市場メカニズムにおいて、生活者はどのような役割を担うのであろうか。生活者は、市場システムの失敗に対してなすすべもなく翻弄される、弱い立場にあるように見える。しかし、生活者にもできることは多い。消費者として生活者は、ニーズを伝え、賢い選択を行うことをとおして、市場に明確なシグナルを送ることができる。あるいは、生活者は「有権者」として、生活者としての自分たちを守るための制度的仕掛けを構築していくことができる。

もちろん、生活者だけでできることは限られている。専門家や業界団体の倫理やピア・チェックによる自己規制は不可欠である。また、多様な民間アクターと連携していくことも必要である。「専門家のサービスをどう使いこなせばいいのか」ということを知っておくことも重要となる。また、そもそも、消費者としての生活者が役割を果たすためには、市場において情報の共有が行われていることが不可欠である。

消費者のいない市場はあり得ないのであり、個人＝生活者が様々なチャンネルを通じて自覚的に行動することで、市場システムのガバナンスにインパクトを与えることは十分に可能である。本書は、最前線の現場における多様な試みとその背後にある論理を提示することをとおして、「生活者がつくる市場社会」を構築するためのヒントを提供したい。

目次／生活者がつくる市場社会

装丁：桂川　潤

◆本書を読むためのキーワード

構造改革

行財政改革・規制改革・地方分権・地域再生・競争力強化・知的財産戦略・社会保障・安全・環境と、非常に幅広い領域にわたる「改革」プログラムの総体。日本の潜在力の発揮を妨げる規制・慣行や制度を根本から改革するとともに、自らの潜在力を高める新しい仕組みを構築するための改革であるとされる。

情報の非対称性

市場における各取引主体が保有する情報に格差がある状況。特に、商品やサービスの品質を、消費者が情報不足・知識不足のために判断できない場合が問題とされる。このような場合、消費者は、本当は自らが望まない商品やサービスを購入してしまうか、逆にそうなることを恐れて取引自体を行わないため、市場がうまく機能しない(市場の失敗)。

ガバナンス

多様な多数の社会のアクター間連携・相互作用によって一定の機能を達成するメカニズム。各国における市場システムのガバナンスは、政府機関、専門家団体、業界団体や民間第三者機関を含む各種の民間アクターによって担われている。企業レベルではコーポレート・ガバナンス、国際的なレベルではグローバル・ガバナンスといった議論も行われている。

専門家団体

特定の分野の専門家の互助と倫理の設定等自己規律のための団体。専門家相互にピア・レビュー、ピア・チェックを行う。ただし、弁護士会のように法的根拠に基づいて懲戒処分を実施できる専門家団体と、医師会のようにそうした機能を持たない専門家団体がある。

業界団体（事業者団体）

特定の業界内における企業等事業者が集まってつくる団体。業界によってどの程度の比率の事業者がカバーされるかは異なる。メンバーである企業間の互助機能とともに、構成する事業者に関する情報集約・提供など一定の公共的機能も果たす。

民間第三者機関

一定のサービスを直接提供する事業者でも政府でもない民間機関。規格の設定や検査・認証の実施、あるいは外部からの評価の主体として、重要な役割を果たす。専門家団体や業界団体も、広義の民間第三者機関の一例である。

流通・販売システム

市場においては、財やサービスの直接の生産者とともに、販売や流通の担い手が大きな役割を果たす。そのため、販売や流通の担い手が市場システムのガバナンスにおいてどのような役割を果たすのかは、実効性を規定する上で重要になる。例えば、森林認証制度の普及や金融サービスの規律において、流通・販売システムの果たす役割は大きい。

病床規制

病床規制とは、ある一定の医療圏ごとに基準となる病床数を定め、この基準数を超えて新たな病床を整備することを制限するものである。多くの地域は病床過剰地域となっており、新たに病床を増やすことは困難である。また、医師や看護師の数も病床数を基準として配置基準が決定されている。これらの規制の結果、医療サービスの需給関係における市場メカニズムの活用には限界があり、例えば病院評価の結果を病床数の供給に反映させることが困難になっている。

適合性の原則

経験や理解力の点から、そもそも一定の高リスク商品を保有するには適しない顧客がおり、そのような者にはいかに説明を尽くそうが、それらの商品を売ってはならず、それに違反した取引は無効とすべきであるという原則。市場への参加者を「プロ」と「アマ」に二分割する機能を果たす。

司法制度改革

質量ともに豊かなプロフェッションとしての法曹を確保するための一連の改革。司法制度をより利用しやすく、わかりやすく、頼りがいのあるものとすることを目指す。関連して、国民が訴訟手続に参加する制度の導入等により、司法に対する国民の信頼を高めることも意図する。

消費者団体訴権制度

一定の適格性を認定された消費者団体が、悪質な事業者に対して、不当な約款の使用や勧誘行為等の差し止めを求める権利（「差止請求権」）を与える制度。実際には、このような最後の手段を背景に、消費者団体と事業者との間の対話によって問題の解決を目指す。

生活者がつくる市場社会

第1章　何が問題か？

——市場システムのガバナンスにおける生活者の役割

藤谷　武史
城山　英明

「官から民へ」「明確なルールによる事後チェック型行政」「市場機能の活用」――これらは現在進行中の構造改革のキーワードである。しかし、耐震偽装問題や医師の名義貸し問題に見られるように、単純な「官から民へ」や「明確なルール」だけで、市場が自然と望ましい状態をもたらしてくれるとは限らない。市場機能の活用を可能にするシステムを構築するには、どのような配慮が必要なのだろうか。そして、その中で、私たち生活者をはじめとする様々なアクターにはどのような役割があるのだろうか。

一 「構造改革」の時代における市場機能の活用

「構造改革」は、現代日本社会を語る上で欠かせないキーワードの一つとなっている。ひと頃ほどではないにせよ、今でも「構造改革」はメディアに頻繁に登場し、最近ではその「負の側面」を強調する声も目立つようになっている。しかし、改めて「構造改革とは何か」と問われると、正確に説明することは意外に難しいことに気づく。

例えば、内閣府の経済財政諮問会議のホームページでは、「構造改革」に関する様々な情報が提供されているが、それによると「構造改革」とは、行財政改革・規制改革・地方分権・地域再生・競争力強化・知的財産戦略・社会保障・安全・環境といった非常に幅広い領域にわたる「改革」プログラムの総体であって、一括りにすることは難しい。あるいは「日本経済・社会の活性化のために政府が行うすべての施策」というのが、今日の「構造改革」の最も正確な定義なのかもしれない。となると、「構造改革」とは個々の改革プログラムというよりも、むしろそれらを貫く（とされている）「考え方」「哲学」の問題であると言ってしまったほうが、わかりやすいように思われる。では、それはどのようなものだろうか。

構造改革路線を主導する経済財政諮問会議が、自ら「構造改革の起点」と位置付けている「今後の経済財政運営及び経済社会の構造改革に関する基本方針（平成一三年六月二六日閣議決定）」では、「日本の潜在力の発揮を妨げる規制・慣行や制度を根本から改革するとともに、司法制度改革を実現し、明確なルールと自己責任原則を確立し、同時に自らの潜在力を高める新しい仕組みが求められている」とした上で、「創造的破壊を通して労働や資本など経済資源は成長分野へ流れていく。こうした資源の移動は基本的には市場を通して行われる。市場の障害物や成長を抑制するものを取り除く。市場が失敗する場合にはそれを補完する。そして知恵を出し努力した者が報われる社会を作る。こうしたことを通して経済資源が速やかに成長分野へ流れていくようにすることが経済の『構造改革』にほかならない」と述べられている。もちろん、前に見たように「構造改革」の範囲は経済分野に限定されないのであるが、「成長」「活性化」というスローガンからしても、やはり経済における「構造改革」がその核にあると言ってよいだろう。そして、そこで目指されているのは、「市場本来の機能を発揮させることで経済の活力を取り戻すこと」であり、そのための鍵となるのが「規制改革」と「明確なルールと自己責任原則の確立、その前提となる司法制度改革」である、ということになる。

実は、こうした考え方は、「構造改革」に先立つ一九九〇年代から続く行政改革の論議の中で形成されてきたものである。バブル経済崩壊後、一九九〇年代前半には、過剰な行政規制が民間の活力を奪っているとの反省から、不必要な規制の緩和・撤廃を意味する「規制緩和」が進められていた。その後、一九九〇年代後半には「規制改革」という言葉が用いられるようになる(一九九九年には、行政改革推進本部に設置された「規制緩和委員会」が「規制改革委員会」へと改称されている)。その意味するところは、単に規制の緩和・撤廃にとどまらず、「事前規制型の行政から事後チェック型の行政に転換していくことに伴う新たなルールの創設や、規制緩和の推進に併せて市場機能をより発揮するための競争政策の積極的展開、自己責任原則の確立に資する情報公開及び消費者のための必要なシステムづくりなどにも、規制の緩和や撤廃と一体として取り組んでいくこと」（規制緩和委員会「規制緩和についての第一次見解（平成一〇年一二月一五日）」）であるとされる。

また、「行政の過剰な関与（例えば「護送船団方式」）が自己責任原則を歪め、市場の機能を損なってきた」との認識は、中央官庁批判の時流とも相俟って、政府（行政）と市場（民間）の役割分担に関して、「市場の機能重視と政府の役割縮小」という方向性を決定付けた。もちろん、「市場機能の活用」といわゆる「市場原理主義」（「自由放任」に近い意味での）とは区別する必要がある。「政府の役割を、市場活動を邪魔しないよう裁量型から事後監視型に変える。その際、司法制度改革を総合的かつ集中的に推進し、社会的インフラとしての司法機能を充実・強化する。一方で、政府は、地球規模の環境問題への対応や技術基盤の強化など「市場の失敗」を補完する必要がある」（経済財政諮問会議「経済財政運営と構造改革に関する基本方針二〇〇二（基本方針二〇〇二）」）という表現からは、政府はむしろ、①明確なルール設定（立法）と事後監視・紛争処理・救済（司法）を通じて市場が機能する前提条件を整備し、②さらに市場の失敗を補完するという役割を積極的に果たすべき、と考えられていることがわかる。

しかし、以上のような、「官から民へ」「明確なルール設定」「市場の失敗の補完」というスローガンは、そう簡単に実現するものなのだろうか。また、市場の機能を活用したシステムを構築するためには、どのような配慮が必要なのだろうか。そして、その中で、生活者をはじめとする様々なアクターにはどのような役割があるのだろうか。ここでは、具体的な事例に即して、このような課題について考えてみよう。

二　「官から民へ」は答えとなるのか？――耐震偽装問題

二〇〇五年一一月一七日、国土交通省は、民間の指定確認検査機関からの報告に基づく調査の結果として、姉歯秀次《あねはひでつぐ》元一級建築士の建築設計事務所が元請けないし下請けとして構造計算を行った分譲マンションにおいて構造計算書が偽装された疑惑があり、確認検査の段階で是正されずに竣工されたものについては構造上耐震性に大きな問題がある可能性が高い、と公表した。社会を震撼させた耐震偽装問題の始まりである。

事件はその後、対象物件の使用禁止と住民の退去命令、姉歯元建築士・デベロッパー・施工業者・指定確認検査機関等の事件関係者の責任追及、さらに、いわゆる「姉歯物件」以外にも、他の建築士による類似の偽装が発覚し、偽装が指摘されたビジネスホテルが営業停止となるなど、当初の予想をはるかに超えた広がりを見せた。地震国日本にあって、耐震強度が法令で定められた水準の半分にも満たない建築物が存在しており、しかも住民は何も知らずにそこで生活していたという事実は、それだけでも衝撃的であったし、一夜にして「一生の買い物」であったはずのマンションの大幅な価値下落を被った住民が、補償や救済も十分に受けられないという事態が明らかになるにつれ、社会的不安・不信感が増幅されていった経緯は、いまだ記憶に新しい。

なぜこのような事件が起こったのか。建築物の安全性確保に関しては、建築基準法という法律が存在し、建築物が最低限満たすべき安全基準を定め、その遵守を義務付けている。さらに、有資格者である建築士が設計し、実際の施工に当たる業者を監視（監理）し、法令の基準が設計上・施工上遵守されているかを行政が確認する（建築確認・検査）という多重・相互監視の仕組みによって、規制の実効性の確保が図られていたはずであった。しかし、現実にはこれらのチェック機構は機能せず、耐震偽装が放置されたのである。

当時の建築基準法は、基本的には平成一〇年の大規模な法改正の内容を反映したものであった。そして、この平成一〇年改正は、前に見た「規制緩和・民間開放」の流れに沿って行われたものである（その内容は、橋本龍太郎内閣の「規制緩和推進計画の再改訂について（一九九七年三月二八日閣議決定）」に盛り込まれていた）。そして、この平成一〇年法改正の主たる内容は、①構造強度・防火構造・材料等の「性能規定化」と、②建築確認・検査事務の「民間開放」の二点であった。

このうち、第一点の「性能規定化」は、材料・工法・寸法などを具体的に定めた従来の基準（仕様規定）がかえって新しい技術や工法の導入の妨げになり、建築コストの高止まりを招いているという批判から、法の求める性能（例えば必要な耐震強度）を満たしさえすれば、多様な材料・設備・構造方法を自由に採用できることとするものであった。

また、第二点の「民間開放」は、従来もっぱら地方公共団体の建築主事が行うこととされていた建築確認・検査事務を、有資格者（建築基準適合判定資格者検定の合格者）が一定数以上所属すること等を条件として国土交通大臣の指定を受けた民間業者（指定確認検査機関）が行うことを認める、というものであった。この改正は、公務員である建築主事の絶対数が不足しているために、法の定める期間内に検査を行うことができず、または不十分な検査しか行うことができないために、欠陥住宅を放置することになっている、との批判への対応を試みたものであった。実際、平成八年度の全国の建築主事の数は約一八〇〇人で建築確認数は約一一〇万件あり、一人当たり約六〇〇件となり、十分な審査や有効な検査は現実的に不可能な状態にあったとの指摘もある（大久保 一九九八、一頁）。

ここで興味深いのは、今回の耐震偽装問題の原因究明と再発防止策が議論される中で、営利を目的とする民間企業に建築物の安全性チェックを行わせる指定確認検査機関制度が今回の問題の元凶である、とする指摘が見られたことである（例えば、日弁連は立法段階からすでに、当時の欠陥住宅問題を背景に、営利団体による公正な確認・検査に懸念を表明していた）。つまり、「官から民へ」の政策転換が、営利目的のために安全性を犠牲にする土壌を生み、耐震偽装につながった、というものである。

この批判は一見もっともらしいが、必ずしも適切ではない。まず、耐震偽装を見逃したのは民間の指定検査確認機関のみではなく、公務員である建築主事の検査も杜撰なものだったことが指摘されている。例えば、姉歯元建築士による最初の偽装物件であるグランドステージ池上の検査機関は大田区の建築主事であった。また、すでに述べたように、民間開放が行われた理由の一つが行政機関による検査の技術的・人的キャパシティの限界であったことからすると、単純に「民間解放＝営利追求＝安全軽視」であるから公益性の高い建築物の確認検査事務はもっぱら行政に委ねるべき、ということにはならないはずである（細野 二〇〇六、八四頁）。

このように考えると、平成一〇年の法改正は、「規制緩和＝安全軽視・営利重視」路線という規制緩和悪玉論で捉えるのではなく、建築物の安全確保という規制の目的が「政府の失敗」（建築主事のキャパシティ不足）によってうまく機能していない状況があり、これを民間開放＝市場メカニズムの利用によって解決しようとしたものと理解するほうが自然であろう。その方向性自体は、それなりに筋の通ったものと言える。しかし、結果としてその目論見は外れた。いったい何が間違いだったのだろうか。

監督官庁である国土交通省の社会資本整備審議会の答申は、耐震偽装問題を「本来法令を遵守すべき資格者である建築士が、職業倫理を逸脱して構造計算書の偽装を行い、その偽装を、設計図書の作成、建築確認、住宅性能評価、工事施工のそれぞれの段階で、元請け設計者、指定確認検査機関、建築主事、指定住宅性能評価機関のいずれもが見抜くことができず、建築確認・検査制度及び建築士制度等への国民の信頼を失墜させた」（社会資本整備審議会二〇〇六、二頁）と総括した上で、建築士制度の見直しと建築士・建築士事務所への指導監督の強化を提言している。

確かに、これらのキーパーソンが職業倫理を堅持し、販売業者・施工業者のコスト削減圧力に屈しなければ、耐震偽装問題は生じなかったはずであるから、規制強化は対応策の一つではありうる。しかし、提言のように建築士に対する一定の規律強化をするにせよ、最終的には専門家の自己規律によるところが大きい。ある意味で、これは必然的な帰結である。問題となった構造計算は、きわめて高度な専門知識を要する作業であり、一般の建築設計者ですら（まして発注業者や消費者にはおよそ）理解不可能であると言われる（細野二〇〇六、七四頁）。構造計算が限られた専門家（建築士の中でもごく一部の構造設計者）しか理解できない「ブラックボックス」である以上、外部からの監視には限界があり、最終的にはこれらの専門家が職業倫理を持って仕事をしてくれることを期待するよりほかはない（これは、医療サービスと医師の関係にも当てはまる）。無論、大多数の専門家は高い倫理観を持って仕事をしていると思われるが、ごく一部に「情報の非対称性」を悪用して私益を得ようとする者が現れないとも限らない。こうした可能性に対しては、専門家相互のチェックに期待するよりほかはなく、こうしたピア・チェックが働く仕組み、受け皿としての専門家団体が重要となるだろう（前記答申も「団体による自律的な監督体制の確立」を施策の一つとして掲げている）。その際、従来は建築士の中でもデザインを担当する建築家が社会的に注目され、構造設計者の専門家としての地位が十分確保されなかったことも構造設計者が十分な役割を果たせなかった背景として指摘されてきた。

このような認識に基づき、日本建築構造技術者協会（ＪＳＣＡ）は、今回の事件の後、ピア・チェック制度を提案するとともに、建物の構造に不安がある申込者のために「構造レビュー」を実施するなど、信頼回復に向けて積極的に活動をしている（田中 二〇〇六、一〇頁）。そして、平成一八年の建築基準法改正では、一定の高さ以上等の建築物に関しては、指定構造計算適合性判定機関の専門家による審査が法定化された。しかし、法制化したピア・チェックは形式的なチェックとなり、時間等のコストがかかる割には実質的コミュニケーションを伴わないものになることが危惧されている。また、平成一八年の建築士法の改正においては、構造設計に関する専門性を持つ「構造設計一級建築士」というものが一定の実務経験と講習の受講により認定されることとなり、建築士の中における構造設計者の地位の確保が図られた。ただし、構造設計一級建築士の役割が構造設計の範囲内だけに限定され、建築設計一般における構造設計の重要性の社会的主張の機会を奪われることは、本質的な課題の解決には至らないという指摘もある。

また、このようなピア・チェックは構造設計者という専門家のレベルでのみ求められる仕組みではない。民間確認検査機関の個々の組織や業界のレベルでも、ピア・チェックを活用した品質保証が求められる。ただし、現実には、この分野は新しい分野であったため、業界レベルでの組織化も不十分であり、業界での研修・教育プログラム等の提供もなされていなかったようである。

しかし、建築士・構造設計者の職業倫理や民間確認検査機関の業界内自主規制に過度に依存することは、問題の根本的解決につながらない。特に、今回の事件の背景には、発注者との関係でコスト削減を迫られる建築士、特に構造設計者の立場の弱さがあることが指摘されていることには注意が必要であろう（細野二〇〇六、第四章）。本来、建築士は専門家としての独立性を有することが想定されており、先に見たように、建築基準法はこれを前提に制度を構築している。しかし現実には、①設計・施工の一括請負が一般化する中で、建築士は下請け的役割に甘んじざるを得ない、②建設業界自体が重層的な下請け構造であり、丸投げ・孫請けが横行し、そのたびにマージンが取られることによって本来の予算が圧迫され、工事の手抜きや、表に見えない部分（耐震強度はその典型である）へのしわ寄せとなる、③民間確認検査機関が、「建築物の安全確保の質」ではなく、「建築確認期間の短縮や確認検査料金の安さ」などを競争しており、質の切り下げ競争が生じている、等の状況があり、専門家が期待される役割を果たすことは容易ではない。この点に関しては、平成一〇年建築基準法改正の「性能規定化」も一役買っている、との指摘もある(細野二〇〇六、五一頁)。例えば、要求される「性能」(耐震強度)が一〇〇だとすると、ギリギリで一〇〇を達成するような構造計算方法を選び出して、基準を満たした設計であることを求めるコスト切り下げ競争が行われることになった、というわけである。そして、立場の弱い構造設計者は、構造計算の方法を「操作」し、あるいは「偽装」を行う誘惑と圧力に晒され続けることになる。

したがって、こうした市場の現状を踏まえた上で、専門家や民間確認検査機関がその責任を果たしうる状況を創出する働きかけ(一括請負や多重下請けの規制、不適切な価格引き下げ競争の禁止など)と平行して行われるのでなければ、建築士への規制強化だけでは効果を上げにくいだろう。

そもそもこの文脈で「望ましい状況」とは、「安全なマンションが安価に供給され、多くの人が満足できること」のはずである。そのためには、利益を追求する企業が競争に勝ち抜くために創意工夫を行い、結果的に質の高いマンションをより安価に供給するようになることが必要であるし、同時に、業者が消費者の知識や情報不足(情報の非対称性)につけ込み、安全性を欠く物件を販売することがないように、監視されなければならない。

耐震偽装の事例は、「官から民へ」という単純な方向性の不十分さを示唆している。一般の消費者や行政が知らない情報や知識を持った専門家や民間確認検査機関は、市場メカニズムと規制をうまく機能させるためにも不可欠のアクターであると同時に、問題の原因ともなりうる。そして、専門家や民間確認検査機関は、現実の市場構造の中で行動せざるを得ない。これらの専門家や民間確認検査機関のピア・チェック等による自己規制は重要である。さらに、これらのアクターが現実の市場構造の中でインセンティブを持つためには、消費者たる施主やマンション購入者が、自らの安全性へのニーズを伝える販売業者や行政と連携したメカニズムも不可欠であると言える。

＊このような明白な違法行為に対して、「事後救済」が十分になされないのはなぜなのか。一応、法的救済の仕組みとしては、①マンションの売主に対する瑕疵《かし》担保責任（民法五七〇条。新築マンションの売買については、二〇〇〇年にできた「住宅の品質確保の促進等に関する法律」により、保護の範囲が拡大されている）の追及（契約解除・損害賠償）、②加害者（構造計算書を偽装した建築士等）に対する不法行為責任（民法七〇九条）の追及、③民間の指定確認検査機関が行った違法な建築確認を行政が是正する権限を有していることに着目した地方公共団体の責任追及（国家賠償法一条）などがあるが、いずれも限界がある。まず、①②は責任追及をすべき相手方が破産してしまうと実質的な補償を得ることはきわめて困難となる（今回もそのケース）。また、③についても、国家賠償法に基づいて訴えを提起すること自体は判例によって認められているが（最高裁平成一七年六月二四日第二小法廷決定）、地方公共団体に賠償責任を負わせるためには、指定確認検査機関の建築確認が客観的に見て違法であっただけでは足りず、「故意・過失」があったことが要求されることがハードルとなる。例えば、横浜地裁平成一七年一一月三〇日判決は、指定確認検査機関の建築確認の違法性を認めつつ、故意・過失はなかったとして、結局、損害賠償請求を認めなかった。このような状況に対しては、瑕疵担保責任保険の加入強制による責任履行資力確保措置などが一つの方策として検討に値するだろう。

三　「明確なルール」を実施すればいいのか？——医師の名義貸し問題

規制改革の時代は、「規制強化」の時代でもある。これは、前に見たように、市場メカニズムが機能するためには、「明確なルール」を前提とした「事後チェック型行政」（さらにそこでの司法的プロセスの関与）が必要であると考えられるためである。しかし、「明確なルール」の機械的な適用が、規制対象の実態を踏まえずに行われる場合には、かえって市場的なメカニズムの機能を損なうことにもなる。そのような例として、医師の名義貸し問題を見ておこう。日本では、医療サービスの提供は主として政府による管理下にあるが、患者の病院選択や医師の勤務地や勤務形態の選択に関しては、一定程度市場的なメカニズムが機能していると言えるので、これは興味深い事例である。

二〇〇三年頃、病院に働く実態のない医師が名義だけ登録されていたことが明るみになり、広く社会問題として認識された。勤務実態もないのに報酬を受け取っていたというのであればともかく、名義貸しそれ自体がなんらかの事件を直接的に引き起こしたわけではない。しかし、「ルール重視」という名の下、メディアと世論は、名義貸し問題を不祥事であると認識した。

この名義貸し問題の背景には、医療法と診療報酬による医師の配置基準という規制がある。医療法は、一般病床を持つ病院に、入院患者一六人に対し一人、外来患者四〇人に対し一人の医師を標準として配置することを定めている。この標準を満たしていない状態（俗に「標欠」と呼ばれる）が続くと、都道府県知事からの改善命令や施設使用制限といった処分がなされることがある。また診療報酬上、標準を下回った配置の病院については、人員配置が要件となっている項目について点数が算定できなくなり、その割合に応じて入院基本料が減額されるというペナルティが科される（『全日病ニュース』二〇〇三年一〇月一日）。そこで、十分な医師数が確保できない地方病院では、病院経営を継続させるため、実際には働いている実態のない医師の名義を借りて標準を満たすよう努めることとなる。これは、病院が関連の大学医学部に頼み、医局として名義貸しを医師らに指示するものであり、正確には地方の病院による「名義借り」であるとの指摘もなされる。

確かに、基準を満たさないにもかかわらず、表面上の数字を操作したことに問題があるのは否定できない。しかし、医師の配置基準は日本全国一律であり、医師の不足しがちな地域の実態を見逃してきた。実際、名義を借りてまでも経営を持続させなければ、地域医療を支える病院は撤退を余儀なくされ、医療過疎や、医療における都市部と地方の格差は拡大の一途をたどるしかなかったであろう。一方で、医師の配置基準は、医療の質や安全を確保するためのものであるから、これら標準を満たさずに診療を行うことは医療の質や安全に支障をきたすおそれもある。このような医療システム全体の課題を考えると、名義借りは地域医療を支えてきた地方病院の苦肉の策であるという面があり、このような医療システム全体に関する政策の未整備を指摘しないまま、「名義貸し」という個別の行為を捉えて名義を貸した大学批判に走ることは妥当とは言えない。

現実に、その後、医療システム全体の微修正が行われることとなった。問題発覚の後、厚生労働省では、医師の配置基準の見直しがなされ、過疎地域においては都道府県知事による一律の基準よりも緩やかな基準を設置できるとの特例が新設されることとなった（社会保障審議会医療部会二〇〇五）。さらに、配置基準は、現代においては時代遅れであり、廃止すべきであるとの議論もある（医療施設体系のあり方に関する検討会二〇〇七、九頁）。いずれにせよ、単純に「明確なルールを定め、厳格に運用する」だけではなく、対象となっている市場領域（この場合であれば地域医療）のシステムの状況を全体的に見極めた上で、政策課題（医療の質や安全の確保）の実現へとつなげていく必要があることは確かである。

四　市場システムの「ガバナンス」

前に見てきた二つの事例から、「官から民へ」「明確なルールの設定」という掛け声だけでは、システムとしての市場は機能しないことがわかったと思う。単純な思考枠組みは、有益ではないだけではなく、場合によっては問題の本質から目を逸らすという意味で有害であるということが示されたのではないだろうか。

「市場」といっても、完全に自律的な仕組みではないのは無論のこと、「明確なルール設定と司法的プロセスによる事後チェック」だけで十分に機能するものでもない。現実の市場は、需要者と供給者が価格情報を用いて効率的な取引を達成する均質なメカニズムではなく、情報や知識が偏って存在しており（情報の非対称性）、専門家の職業倫理や自己規律、専門家相互の協力と監視（ピア・チェック）、専門家団体あるいは業界団体の自己規制が重要な役割を果たす場面も多く、各々のアクターが各自の動機付けによって行動を決定している（インセンティブの問題）、きわめて複雑なシステムである。

また、市場システムにおいて要請される公的機能も多岐にわたる。安全性の確保（原子力安全、食品安全、医療安全、取引安全等）、安定供給（エネルギー安全保障、食糧安全保障、医療サービスへのアクセス、金融サービスへのアクセス等）、環境保全、表示の信頼性の確保など多様な公的目的が存在するため、公的目的間の調整が要請される。したがって、市場の規制システムにおいて、特定の公的目的のみを明確なルールとして厳格に実施することは副作用を引き起こす可能性がある。

他方、このような公的機能が、すべて政府の活動を通して実施されなければならないわけではない。先ほどは、耐震偽装の事例の中で、安全性に関する検査機能を民間確認検査機関を活用して確保する試みを見てみたが、歴史的には、検査の前提となる安全規格についても民間の第三者機関が中心となり設定してきた事例が報告されている。「官から民へ」委ねれば実効的であるわけではないが、民間機関のインセンティブを適切に用いて公的目的を達成することは可能である。様々な分野において、民間の第三者機関による安全基準の設定は、保険業務と関連する形で展開してきた。米国にUL（Underwriter's Laboratories）という安全規格の策定や製品試験認証サービスを行っている民間第三者機関があるが、その歴史は一九世紀末に遡る。一八九三年、シカゴで行われたコロンビア博覧会において、十分な安全試験が行われていなかった白熱電球から火災が発生したことを受けて、保険業者は電気回路・配線に豊富な知識を有する電気調査員に会場内の配線と展示物の安全性に関する調査を依頼し、安全性の保証をとりつけ、博覧会は成功を収めた。その後、火災保険業者と電気装置製造業者の支援を受け、一八九四年にULの前身となる火災保険業者電気局が設立され、電気用品の試験を開始した。そして、一九〇一年にUnderwriter's Laboratories, Inc. と改称され、火災保険業者会議がULを支援することが決定された。その後、ULは、現在に至るまで、試験等に基づいて製品安全規格を作成してきた（身崎・城山・廣瀬二〇〇三）。

この場合は、民間アクターである保険業者が経済的インセンティブから民間第三者機関による安全規格策定を支援している。ただし、場合によっては、環境向上に寄与している企業を投資対象とするエコファンドへ投資をする民間アクターのように、狭義の経済的インセンティブを超えて公的目的の実現に寄与する民間アクターもいる。

市場に対する「規制」についても、「市場とは異質な『官』『政府』による外からの強制であって、市場メカニズムとは二律背反の関係にある」と単純に捉えるのでは不十分ということになる。「官から民へ」という単純な発想では、何か問題が生じると安易に「規制強化」へと逆戻りすることにもなりかねない。それは生産的な態度とは言えないだろう。現実には、規制機能は、政府や様々な民間アクターの相互作用の中で実現されていくことになる。最近では、政府が唯一の主体というイメージがつきまとう「ガバメント」にかえて、「ガバナンス」という語が頻繁に用いられるようになっている。「ガバメント」が公式な政府制度であるのに対して、「ガバナンス」は「統治過程における様々な制度、関係（the whole range of institutions and relationship involved in the process of governing)」、「自己組織的な組織間ネットワーク」(self-organizing, inter-organizational networks) といったように、公式な政府制度以外の社会や市場のあり方も含めた幅広い制度として理解される (Rhodes 1997)。つまり、「ガバナンス」においては様々な社会の団体や企業等の民間アクターとの水平的関係や組織間連携・相互作用が念頭に置かれてきた。この「ガバナンス」という視角の下では、単純に「政府＝官」が「均質な市場システム」を「外から規制」していると捉えるのではなく、多様で複雑な相互作用の仕組みを観察していく必要がある、ということになる。

五　生活者としての私たちの役割

さて、前記のような問題意識から出発して「市場システムのガバナンス」を論じるにも、いろいろな方法がある。理論的な記述に徹する方法もあるし、政策立案者（政治家・官僚等）を名宛人とする政策提言のようなスタイルもありうる。その中で本書では、市場が圧倒的な影響力を持つ現代社会における私たち個人＝生活者の役割という視点から、市場システムのガバナンスについて描いてみたい。

耐震偽装の事例に見られたように、生活者＝消費者は、市場システムのガバナンスの失敗に対してなすすべもなく翻弄される、弱い立場にあるように見える。しかし、消費者にもできることは多い。施主あるいはマンションの購入者として、安全な住宅を求めるというニーズを伝えていく必要がある。消費者はしばしば住宅を購入する際に、デザインや価格を重視してしまいがちであるが、安全性も求めているというニーズを、設計を担う建築家とのコミュニケーションやマンション販売業者とのコミュニケーションをとおして伝えていく方策はありうる。また、医療における「名義貸し」の事例においても、生活者＝患者は、メディアの報道に対して受動的に対応するだけではなく、いかなる医療システムを求めるのかに関するニーズを明確化していく必要がある。

もちろん、生活者だけでできることは限られている。耐震偽装の事例で見たように、専門家や民間アクターの倫理やピア・チェックによる自己規制は不可欠である。また、安全規格策定における保険業者の役割に見られるように、民間アクターの役割も多様であり、多様な民間アクターが連携していくことも必要である。

あるいは、生活者は「有権者」として、生活者としての自分たちを守るための制度的仕掛けを構築していくことができる。この際の生活者の役割は、ガバナンスのあり方を決めていく役割であり、いわばメタ・ガバナンスの担い手であると言うことができる。あるいは、消費者の意見や利益をよりよく反映させるために、専門家集団にどういう役割を期待し、どう関わっていけばいいのか、より踏み込んで言えば「専門家のサービスをどう使いこなせばいいのか」ということを知っておくことが重要となる。消費者のいない市場はあり得ないのであり、個人＝生活者が様々なチャンネルを通じて自覚的に行動することで、市場システムのガバナンスにインパクトを与えることは十分に可能である。本書は、そのための前提となる知識を提供し、「生活者がつくる市場社会」を考えるためのヒントを提供することを目指している。

六 本書の構成

本書の各章は、それぞれ様々な市場領域において、政府＝規制がすべてを解決してくれる（いわば「お上頼み」の発想）わけでもなければ、市場が自ずと問題を解決するわけでもない、ということを明らかにするだろう。市場システムのガバナンスは、様々な制度的・人的なネットワークの上に成り立っている。そして、私たち個人もまた、「ガバナンス」の仕組みを構成しているピースの一つなのであり、生活者として重要な役割を果たすことができる。ただし、具体的な場面における生活者の立ち現れ方は多様である。例えば消費者として、施主として、投資家として、患者として、あるいは依頼人として、という具合に。

以下では、このような問題意識に立って、市場社会の多様な事例を生活者の視点・関与のあり方から比較検討することで、生活者が市場社会をどう形作り、どう生き抜いていくのかのヒントを示す。具体的な事例の紹介をとおして、生活者の多様な側面（＝多様な市場との向き合い方）と可能性に光を当てることになる。

まず、第2章では、住宅建設の際の施主あるいは林産品購入の際の消費者としての生活者の視点に着目する。この事例においては、生活者は、自らの短期的な経済的インセンティブを超えて、森林保全という公的目的に寄与する方法で生産された林産品を購入することで、環境保全等に寄与することができる。その際、林産品の流通・加工・販売を担う民間アクター（住宅メーカーや工務店を含む）や森林認証を行う民間第三者機関も重要な役割を果たす。

次に、第3章では、医療サービスを受ける患者としての生活者の視点に着目する。この事例においては、生活者は、単なる医療サービスの受動的な受益者ではなく、医療サービスの評価者として、あるいは本人に対する医療サービスの自己決定者として、より大きな役割を果たしつつある。これは、時として副作用を生むこともあるが、適切な枠組みの下では医療サービスの提供形態を変えることにもつながっていく。ただし、医療サービスの評価は医療従事者自身（これも医師、看護師、病院管理者等多様である）によって担われる部分も重要であり、また、本人に対する医療サービスの決定に際しても、誰に優先的にサービスを提供すべきかといった判断に関しては、専門家あるいは専門家団体としての判断が尊重されるべき場合もある。

第4章では、金融市場への投資家としての生活者の視点に着目する。近年の経済構造改革の中で、「貯蓄から投資へ」というスローガンに見られるように、生活者は銀行における安定的な貯蓄者としての役割を超えて、能動的な投資家としての役割を果たすよう社会から背中を押されている。その中で、生活者は、銀行の決済機能といった公共的機能に対する費用分担を明示的に求められるとともに、投資家としてのニーズを集約して伝達していくことが求められている。その際、政府による過度の規制が金融サービス提供を阻害することもあり、各種金融サービスの業界団体や投資家によるNPOが情報提供等において果たす役割も大きい。また、消費者保護に関する適合性原則において、「プロ」の投資家と「アマ」の投資家では異なった行為規制をかけていることに見られるように、生活者には均一の投資家としての役割が求められているわけでもない。

第5章では、弁護士の依頼人あるいは訴訟の提起者(原告)としての生活者の視点に着目する。構造改革においては事後監視型社会の構築と司法機能の強化が唱えられているが、司法機能が強化されるためには弁護士の助言や助力が市場において適切に提供される必要がある。そのためには、依頼人には「賢い消費者」であることが期待されるとともに、特定の弁護士を選択した責任が問われる。また、社会的損失をくい止め、判例形成をとおしてその後の紛争解決を容易にするという公共的価値を有する行為として、生活者には権利主張や訴訟の提起が求められる。同時に、ロースクールの設立等による弁護士の供給には政府や大学の役割も大きく、弁護士倫理の確保は弁護士会の役割でもある。

そして、第6章では、主として消費者としての生活者の視点に着目する。消費者としては、被害を受けた際に、たとえ少額の被害であっても泣き寝入りしないことが社会的にも重要である。そのような「少額多数被害」に対処する具体的メカニズムとして、悪質な事業者に対して「差止請求権」を行使する消費者団体訴訟制度がある。ただし、このような仕組みを機能させるには、消費者団体の顔をした反社会的勢力が出てこないように消費者団体の適格性を維持するとともに、消費者団体の活動資金を確保することが重要になる。資金確保の方策として、現在、善意の企業や社会的責任投資の運用益の一部等の寄付による消費者支援基金が考えられている。

最後に、第7章では、それまでに紹介されてきた各章における事例を踏まえて、生活者と市場の関係を理論的に整理する。まず、消費者の自由な選択をとおして社会的に望ましい形での財やサービスを供給する体制としての市場の機能について確認する。そして、消費者による選択は、市場の失敗による負の外部性の解決に寄与することや、正の外部性を創出することもあると指摘する。その上で、市場を生かす前提として、選択の自由の拡大や情報の非対称性への対応、紛争解決の仕組みが必要であるとする。最後に、望ましい市場の機能の確保には生活者の協働を実現するという集合行為問題が立ちはだかっているが、その克服は現実には不可能ではないとする。

参考文献

大久保勲（一九九八）、「建築基準法の改正について」『林産試だより』一九九八年一一月号

社会資本整備審議会（二〇〇六）、「建築物の安全性確保のための建築行政のあり方について」答申（平成一八年八月三一日）
（国土交通省ウェブサイト：http://www.mlit.go.jp/kisha/kisha06/07/070901_2_.html）

田中修一（二〇〇六）、「耐震偽装事件―状況分析と建築設計界の対応―」『判例タイムズ』一二一八号、四頁

『全日病ニュース』二〇〇三年一〇月一日
http://www.ajha.or.jp/topnews/backnumber/2003/03_10_01_5.html

社会保障審議会医療部会（二〇〇五）、「医療提供体制に関する意見」（平成一七年一二月八日）（厚生労働省ウェブサイト：http://www.mhlw.go.jp/shingi/2005/12/s1208-3.html）

医療施設体系のあり方に関する検討会（二〇〇七）、「これまでの議論を踏まえた整理」（平成一九年七月一八日）
（厚生労働省ウェブサイト：http://www.mhlw.go.jp/shingi/2007/07/s0718-15.html）

細野透（二〇〇六）、『耐震偽装―なぜ、誰も見抜けなかったのか』日本経済新聞社

身崎成紀・城山英明・廣瀬久和（二〇〇三）、「社会安全確保のための損害保険の予防的機能」『社会技術研究論文集』第一巻（二〇〇三年一〇月）

Rhodes, R.A.W. (1997), *Understanding Governance: Policy Networks, Governance, Reflexivity and Accountability*, Open University Press.

第2章　消費者がつくる「市場」

——市場メカニズムによる森林保全の可能性

打越　綾子

地球温暖化問題や熱帯林の破壊など、自然環境に関するニュースは日々私たちの耳に届いてくる。その中でも、美しい緑の樹木は、多くの人々にとって心を癒す存在であり、森林に象徴されるような豊かな環境を守りたいという人々は増え続けている。特に、日本は森林国家と呼ばれるようにその面積が国土の三分の二を占めており、多くの国民は、森林に覆われた山に憩いの場を求めて出かけていく。

こうした人々の森林を守りたいという素朴な気持ちを、具体的な効果に結びつけるチャンスはないだろうか。その手段の一つとして、われわれ生活者が日常的に行っている買い物が挙げられる。例えば、毎日大量に消費されるコピー用紙や、部屋の模様替えの際に必要とされる家具類など、様々な木製品を購入する場は消費行動が森林保全につながっていくための入り口である。さらには、一生に一度の覚悟を決めて行う大きな買い物、つまり住宅の建設・購入も、消費行動によって森林を保全するチャンスである。消費者がどのような出自の材木を選定するかによって、世界の森林の違法な伐採を抑制し、またわが国の森林を適正に守ることを可能にするかもしれないのである。

一　市場メカニズムによる森林保全

本章では、森林国家と言われるわが国の自然環境資源を、市場を通じて保全する試みについて検討する。この場合、市場とは、生産者と消費者を経済的取引によってつなぐ仕組みを意味している。

過去の歴史を見た場合、最も典型的な自然環境保全の手法として、環境保護団体や市民団体による一定の価値観に基づく組織的な運動・圧力活動が展開されてきたことを指摘できる。かといって、現地における散発的な活動では広範囲の自然環境を守ることはできないため、政府の公的権力を媒介とする制度(例えば、山林の開発に対する規制、林業経営に対する補助金、山林や河川に関わる行政予算による整備工事、あるいは最近議論され始めた環境税による地域整備など)も必要であるとされてきた。

前者のような運動論と後者のような政府による政策論とは、公権力の介在の有無という点において、まったく異質なものに見える。しかし、両者とも、環境保全のための手法は市場における経済的取引活動とは対置されるという発想を持っている点では共通している。議論の前提として、資本主義経済における企業や土地所有者にとっては、森林を保全するよりも開発したほうが経済的利益の増加が見込まれる(だから経済活動を野放しにしていては森林を守ることができない)という視点があり、開発対保全、経済的な私的利益と公共財としての自然という構図が前提とされてきた。

しかし、最近では環境保全という価値を市場メカニズムによって実現しようとする動向が注目されている。本章では、資源としての森林という側面から、市場メカニズムを通じた森林環境の保全がどこまで可能であるのか、また現実にどのような動向が見られるのかを検討していきたい。

二　森林の価値

1　直接的効用に基づく視点

森林の効用については、二つの側面があるとされる（熊崎二〇〇二、祖田二〇〇二、井上他二〇〇四の下村彰男論文、全国林業改良普及協会二〇〇四）。第一に、直接的効用、すなわち主として目に見える物質的な便益が挙げられる。例えば、スギやヒノキなどの針葉樹の人工樹林は建設用材木の生産のために造成されたものである。また、日本人にとっての故郷の原風景とも言えるブナやコナラなどの落葉広葉樹が広がる里山や自然林は、かつては人々の日常生活を支える燃料（薪炭）を生産する場所であり、山菜やキノコなどの食糧を供給する場所であった。高度経済成長期以前の日本においては、そうした直接的効用が農村・山村の人々の生活を支えていた。従って、森林を保護することは、人々にとって経済的な価値のある行為であった。

こうした構造が継続していれば、森林保全を市場メカニズムを通じて実現するという視点は、ごく当たり前のものとして受け継がれてきたことであろう。ところが、現在のわが国においては、この直接的な効用が大きく衰退している。高度経済成長期のエネルギー革命により薪炭の需要は激減した。また、人件費や整備費が高くつく国産材そのものへの需要が後退してしまった。他方、森林であれ草地であれ土地そのものに対する需要は高い。そのため、森林をそのまま残すことによって得られる森林の直接的効果よりも、樹木を伐採し土地を造成して建物をつくるほうが、短期的な観点から見て経済的価値が高いという構造が定着してしまった。

2　間接的効用に基づく視点

「森林の直接的効用∧土地の持つ経済的価値」という構造の中で、森林は次々と開発の波にさらされるようになった。そのため、資本主義経済による私的利益優先の活動に対抗するという目的で、自然保護運動が発生し、また政府による各種の規制・誘導政策が登場することとなった。

さて、自然保護運動であれ、政府の政策であれ、森林の維持を主張する議論は、森林が持つ第二の効用、すなわち間接的効用という無形の便益を根拠としている。例えば、土砂流失や洪水の防止といった国土保全、水源の涵養、大気の浄化・温暖化防止、風致美化、住民のゆとり・安らぎなどの保健休養、観光・レクリエーション、地域社会やコミュニティの維持、社会的・文化的価値の継承、子どもたちへの教育の場の提供といった機能である。これらは、森林の持つ多面的・公共的な機能に注目したものである。

森林の持つ間接的な効用に鑑みれば、森林を保全することは、公共財としての環境を守るという意味を持つ。こうした議論が、国や自治体による各種の規制《ゾーニング》や、補助に関わる助成制度の根拠となっており、最近では森林のある現地から離れた都市部住民に環境を維持管理するコストを負担してもらうためにも、環境税による地域整備に向けた議論が高まっている。

また、国レベルにおいても二〇〇一年には、森林・林業基本法が改正されている。改正以前は、木材生産機能を最大化することに主眼を置いた林業基本法という名称であったが、改正によって、森林の多面的機能の発揮を推進し、森林に対する国民のニーズの多様化・高度化に十分対応していくことを重視するとされた。具体的な施策として、森林の区分ごとの望ましい森林の姿を提示し、木材の生産のための森林だけでなく、水源涵養、山地災害の防止を重視する森林や、森林生態系の保全・生活環境の保全・森林空間の適切な利用を重視する森林を維持していくことを掲げている。

3 直接的効用と間接的効用の複合を目指す視点

本章で検討する森林認証制度や木材流通過程の変容は、森林の直接的効用（例えば、資源としての木材生産）と、間接的効用（生態系の維持や地域社会の維持といった多面的・公共的機能）の両方の側面に注目し、その効用を評価する仕組みを市場に乗せようとするものである。つまり、生産者としての林業経営者が、森林の二つの効用を十分に意識して林業を経営することによって、そうした経営によって生産された材木の価値を消費者が理解し選択することを期待するシステムである。

三 わが国の森林保全・林業に関わる行政制度と歴史

1 関係省庁の施策

ここで、日本の森林環境に関わる行政の制度と施策の概要を把握しておきたい。関係する省庁は、大きく分けて二つである。

第一に環境省である。環境省では、豊かな自然環境の残る場所を、国立公園や国定公園などに指定して、その地域内での開発に制限をかけている(規制行政)。また、里山保全(ビオトープの創出や生物多様性の保全)に向けて現地の活動を支える施策を有している。また、エコツーリズムなど、環境体験型の旅行商品による取り組みへの対応も始まっており、環境保全・森林保全に向けた経済的インセンティブ構造のあり方を議論する素地が形成されつつある。とは言え、こうした動きはまだ全国の森林保全に向けた大きな勢力を構成するには至っていない。

国内の森林環境に大きな役割を果たすべき第二の存在は、林野庁であり、各種の規制・計画制度、補助金・公共事業の実施を行っている。本章の議論に大きく関わっているのは、環境省よりも、むしろ材木生産に関わる林野庁である。林野庁の施策の概要は、以下(**表1**)のとおりである。

2　わが国の森林の歴史と実情

日本の森林面積を見ると、一〇〇年の間、面積はほとんど変動がないとされている(平野部では、都市の住宅地が農地にかわり、森林が農地化しているが、他方、かつて荒地のままであった場所に次第に雑木が生え、森林に遷移していくため)。とは言え、日本の森林が問題を抱えているのは事実である。何が問題であるかと言えば、それは面積ではなく森林の構成、量ではなく質の問題である。例えば、原生的自然の減少、

表1　林野庁の施策

a. 森林の有する多面的機能の発揮に関する施策

・森林の整備の推進
地域の特性に応じた造林、保育及び伐採の計画的な推進、林道の整備等
現況調査や支援制度
森林計画制度
3つの区分に応じた望ましい森林施業を計画的に誘導する
＊3つの区分
水土保全林：水源かん養、山地災害の防止を重視する森林
森林と人との共生林：森林生態系の保全・生活環境の保全や森林空間の適切な利用を重視する森林
資源の循環利用林：木材等の生産を重視する森林
農林水産大臣がたてる「全国森林計画」において森林整備の基本的な考え方を提示
国有林：森林管理局長がたてる「国有林の地域別の森林計画」
民有林：都道府県知事がたてる「地域森林計画」にて
3つの区分の基準を提示
市町村長がたてる「市町村森林整備計画」において、実際に3区分
「森林施業計画」を作成した森林所有者に、内容に応じた各種助成金付与

・森林の保全の確保
土地の形質の変更等の規制、森林土木事業の実施
森林病害虫の駆除及びそのまん延の防止等

・技術の開発及び普及
研究開発目標の明確化、国と民間等の連携の強化、技

術の普及事業等の推進

・山村地域における定住の促進

就業機会の増大、生活環境の整備その他山村地域における定住の促進

・国民等の自発的な活動の促進

森林の整備・保全に関する自発的な活動を促進するための情報の提供等

・都市と山村の交流等

都市と山村との交流の促進、公衆の保健、教育のための森林の利用の促進等

・国際的な協調及び貢献

森林の整備及び保全のための国際的な連携

開発途上地域に対する技術協力及び資金協力等の国際協力の推進

b. 林業の持続的かつ健全な発展に関する施策

森林組合その他の森林施業・経営受託組織等の活動の促進

・林業災害による損失の補てん等

c. 林産物の供給及び利用の確保に関する施策

・木材産業等の健全な発展

木材産業等の事業基盤の強化、林業との連携の推進、流通及び合理化

・林産物の利用の促進

林産物の利用の意義に関する知識の普及及び情報の提供、林産物の新たな需要の開拓、建物及び工作物における木材の利用の促進

・林産物の輸入に関する措置

輸入国側の森林の多面的機能に配慮した適正な輸入を確保するための国際的な連携

緊急に必要があるときに。関税率の調整、輸入の制限等を実施

（林野庁ＨＰより）

大径木の減少、都市化などによる身近な自然の減少、手入れの十分でない人工林の増加、野生動物の増加による樹木の傷みや生態系の崩れなどは、全国各地で指摘されているとおりである。

このうち、人工林の衰退状況については、事態は深刻である。そこで、なぜそうした状況になっているのかを歴史を追って確認したい（井上他二〇〇四）。

終戦から数年間の間、国内の森林は疲弊していた。第二次世界大戦中には軍需物資として、敗戦直後は復興資材として、全国の森林で大量伐採が行われたためである。にもかかわらず、一九五〇年代以降の経済復興の流れと、特に住宅建設の需要拡大の中で、材木に対する需要は拡大する一方であった。

他方、広葉樹林の立場は異なっている。一九六〇年代に入ると、いわゆるエネルギー革命が起こり、石油燃料による発電が人々の日常生活を支える中核的エネルギーとして位置づけられるようになった。このため、かつて農村部の生活を支えていたエネルギー源としての薪炭採取は、需要が激減する。薪炭を採取するための広葉樹が豊かに育っている身近な雑木林の経済的な使命が衰退したのである。

こうして、一九六〇年代より、好景気による建築ブームも重なり、広葉樹の広がる雑木林をすべて伐って、スギ・ヒノキなどの人工林に転換する拡大造林事業が開始された。この拡大造林事業は、農山村にとどまっていた大量の労働力の受け皿としても有効とされ、全国各地で人工林の造林が開始された。一九六四年に制定された林業基本法には、産業としての林業の育成や、林業労働者の社会的地位の向上が謳われていた。当時は為替固定制であったため、円の購買力、外貨準備高ともに低く、木材の輸入量は限定的であった。

しかし、植樹されたばかりの若くて細い樹木からは上質な木材を生産することはできない。需要の拡大による木材価格の急騰が問題となる中、外国産材の輸入が国策として検討されることになった。折しも、高度経済成長を受けて為替変動相場制に移行し、外国産材の輸入はむしろ経済活動のコスト低下につながるとされ、結果として木材の輸入自由化が認められることとなった。国内の住宅メーカーなどは外国からの大量購入に奔走し、以来、海外から木材を調達するルートが確立していく。当時は成熟した針葉樹林が枯渇していたわけであるが、まだ若い人工林の保育費用が増大する中で、国内で人工林を経営することによる経済的メリットは急速に低下した。

国内林業の不振については、様々な要因が絡んでいる。まず、国内林業の国際競争力が圧倒的に弱く、多くの木材輸出国と比較して日本は不利な条件を抱えているとされる。具体的には、山地の地形が急峻で伐採作業の機械化や林道開設に制約があり生産性が低く、狭い国土の森林が多様な所有者によって管理されており、林業経営の規模が小さく合理化しにくいということが挙げられる。また、流通加工段階も小規模分散的で複雑であり生産性が低い。そして、発展途上国などに比べて、労働賃金が高く、森林の維持管理にかかる人件費が高い。これらのコストのため、大規模経営による外国産材とは、市場において競争にならないという。

こうした課題が蓄積されていった結果としての現状は、まさに危機的状況である。林業によって生計を立てるという前提が崩れてしまったため、手入れの放棄、後継者の不在、相続による所有者の分散や不在村所有者の増加といった問題が、森林の劣化に拍車をかけている。一九六〇年代の拡大造林政策時に植樹されたスギやヒノキは、数十年を経て伐採の時期を迎えているはずのところが、長らく手入れをされてこなかったため材木としての価値が低く、立木価格よりも出材コストのほうが高くなるという状況である。結果として荒れた人工林はそのまま放置されており、暗くなった林内では林床植生が消え、表土が流出し、森林の水土保全機能も損なわれている。

こうして考えてみると、日本の森林を保全するためには、林業の再生が不可欠である。しかし、市場の基礎となる生産者の体制や流通ルートが整備されてこなかった状況を、どこから改善していったらよいのか。以下では、市場ガバナンスの整備に向けた取り組みについて紹介したい。

四　市場ガバナンスの整備に向けた取り組み

冒頭に論じたとおり、従来の環境保全の手法は、環境保護団体による各種の運動や、政府による規制や助成が主たるものであった。しかし、最近では、規制・補助金・運動論に依存しない市場システムによる環境保全と林業の融合を目指す動きが広まっている。生産者・業界が目指しているのは、環境への配慮という価値観を消費者によって後押ししてもらうシステムとしての林業の構築である。その基礎条件としての「森林認証制度」と、有効な流通・利用ルートの開拓について以下で説明していく。

1　森林認証制度

一般に、認証制度とは、あらかじめ定められたある基準に照らして、その内容が満たされているかどうかを独立した第三者機関が審査し、満たされている場合にそのことを証明・保障する制度である。この制度を持続可能な森林経営に応用しようとしたのが、森林認証制度である（以下の説明は井上他二〇〇四の白石則彦論文、全国林業改良普及協会二〇〇四、ジェンキンス二〇〇二）。現在では、世界に五〇を超える森林認証のシステムがあるが、まずはその誕生の経緯から確認したい。

①森林認証制度の誕生の経緯　森林認証制度は、一九九三年に、国際的な団体として森林管理協議会（FSC：Forest Stewardship Council）が誕生し、独自の基準を作成したのが最初のものである。

この制度の設立の背景には、熱帯林破壊の問題に対する環境保護運動の限界があった。熱帯林破壊の背景には、途上国の人口増加や貧困問題以上に、先進国のニーズによる商業的伐採が大きな影響力を持っている。かつて環境保護団体は、熱帯木材の不買運動を展開して熱帯林を守ろうとしたが、店頭で木製品を見ても、熱帯の原生林を切り出した木材か、適切に植林・伐採された木材であるかの見分けは難しいのが実態である。その結果、木材製品の生産そのものが環境保全に反するというイメージを生み出し、木材産業全体を窮地に追い込むことになった。これでは、良質な林業の維持には寄与できない。そこで、持続的な森林管理を行っている経営体を適切な基準で認証し、木材製品にロゴマークを入れ、環境保全に配慮する経営体を明らかにするとともに、そうした差別化・プレミアム化によって、環境重視の経営へのインセンティブを構築しようという議論が始まった。この仕組みの前提条件として、厳格で中立的で信頼性が高く、世界規模で通用する制度が必要であるとされ、ＷＷＦ（World Wide Fund for Nature、世界自然保護基金）やグリーンピースなどの有力な環境保護団体が中心に基準を準備し、これにより、一九九三年に森林管理協議会（ＦＳＣ）が設立されたのである。

②森林認証制度の意義　森林認証制度の意義は、森林管理の水準を改善し、森林の多面的機能を高める、森林管理者のアカウンタビリティを果たす、法律や規制の一部をカバーして政府の役割をより高いものにする、第三者機関に委ねることで政府が森林を監視する負担が軽減する、市場への参入機会やシェアを維持あるいは獲得する、生産者の森林・資源・資本へのアクセスを維持あるいは獲得する、認証木材に対する価格プレミアムを得る、生産者の環境面及び社会面のリスクを減少させる、従業員や出資者のモラルや自覚あるいは技能を高める、とされている。また、消費者にとっても、認証木材を選択的に購入することで「環境に優しい」森林管理を支援する貢献と満足を得ることがメリットであるとされている。

③認証の仕組み　審査基準は数多く、いずれも厳しい条件がつけられている。生物多様性など森林生態系の機能維持に十分な対策を講じているか、水土保全などの環境維持の機能増進に十分に寄与しているか、市民参加やボランティア活動、里山保全など木材生産を主目的としない森林活動への配慮を行っているか、地域住民や一般市民への森林空間の提供・環境教育への協力を行っているかなど、土地の所有形態や森林環境、社会慣習・生活の実態に応じた基準の運用がなされている。これらの基準に照らして、正式に認証されると、ロゴマークの使用により市場において他の商品との差異を明示し、付加価値が認

表２　認証審査のプロセス

予備審査→契約→審査チームの編成→情報収集・分析
→利害関係者からの意見聴取
→採点→報告書作成（前提条件、付帯条件、勧告がつくことも）
→依頼主による報告書の確認→専門家による報告書の再確認
→認証公布の手続き→認証公布、要約報告書の公表

められることになる。

④二極化する森林認証制度　さて、ＦＳＣの設立後、仕組みの意義が広く共有されることで、世界各国で独自の森林認証制度が構築されるようになってきた。さらには、それぞれの連合体なども構築されている。しかし、これらの動きは、環境保護団体主導の認証制度と、林業業界主導の認証制度という、二つの潮流に分解しつつある。

環境保護団体主導の認証制度としてのＦＳＣは、環境保全や地域社会への最大限の配慮を示す優れた経営体を評価するために生まれたものであるが、現実には、そのレベルに到達可能な林業家は多くはない。しかし、認証制度が普及するにつれ、一般の林業家にとっても、何らかのラベルを貼らないことには、悪質な環境破壊をも辞さない木材生産との相違がわからなくなる。そこで、林業業界や製紙業界が主導となって、一定の水準を満たした林業経営に対して、認証を行う制度が出てくることとなった。

例えば、一九九四年にアメリカで設立されたＳＦＩ（Sustainable Forestry Initiative、持続的林業イニシアティブ）は、アメリカの林業経営・製紙業界の母団体であるアメリカ林業製紙協会によって構築され、多くの経営体に対して社会が容認できる最低限の水準の確保を目的として登場した。そのため、

審査プロセスも、経営者自身が毎年自己監査をして協会に申告する自己確認の形態をとり、ＦＳＣに比べれば基準が緩くなっている。

また、ヨーロッパ各国でも、各々の森林の所有制度などに応じた業界主導の認証制度がつくられ、一九九九年にＰＥＦＣ（Pan-European Forest Certification System、汎ヨーロッパ森林認証制度）として、ヨーロッパ各国のシステムが相互認証をした制度が登場した。これに、アメリカのＳＦＩと、ＳＦＩと類似した立場のカナダのＣＳＡもＰＥＦＣに加盟して承認し、業界主導で全体の底上げを図るという目的の認証制度の勢力が拡大しつつある。

環境保護団体主導と業界主導という二極分解の動きは、日本国内でも見受けられる。

当初、林業家への認証はＦＳＣの流れからスタートした。環境や生物多様性への配慮を行い、地域社会や従業員への対応も万全とされる経営者への認証は、すでに国内でも相当数の事例がある。二〇〇〇年に国内でＦＳＣ第一号として三重県の速水林業が認定され（速水 二〇〇七）、その後、高知県梼原町森林組合、二〇〇一年にはアサヒビール（広島県）なども認証された。

しかし、日本の森林所有形態は中小規模であり、ＦＳＣの認証制度は中小の農家経営の林業には適さないという声も上がるようになった。例えば、ＦＳＣでは、伐採と同面積の植林を求めるなどの基準があり、それだけの作業を確保するためには、経営上相当の面積を有する森林であることが前提とされている。また、ＦＳＣの認証にかかるコストが高額であり、中小規模の林業経営者には基準が厳しすぎるという意見もある。その結果、二〇〇三年に林業・林産業の関係者と、いくつかの環境保全団体との連携による「緑の循環」認証会議（以下、ＳＧＥＣ：Sutainable Green Ecosystem Council）が設立された。このＳＧＥＣは、ＦＳＣとは異なる基準による認証制度を国内で広めつつある。

二つの潮流の行方については、両者が足を引っ張り合うのではなく、それぞれ刺激し合いながら木材市場の透明性を高めていくことが望まれているとされるＦＳＣは、環境保全に向けた高い経営努力というプレミアム・希少性によって差別化を図り、優良な森林経営の模範を示す。他方、ＥＰＥＣをはじめ業界主導の認証制度（わが国におけるＳＧＥＣも含む）は、国内の森林経営全体の経営管理能力を底上げするシステムをつくる。こうした流れを通じて、環境保全を市場によって実現するための基礎条件が、次第に整えられることが期待されていると言えよう。

⑤消費者の役割の重要性　ただし、森林認証制度の成否は、消費者の選択にかかっている。そのためには、認証を受けた木材を普及させる原動力が必要になる。ヨーロッパ、特にイギリスやドイツの場合、生産者自らが市場拡大に向けて強くアピールしているわけではないが、中間業者（加工・流通・販売業）が主導してプレミアムのある木材を積極的に店頭に並べて、環境保全の意義をアピールする企業戦略をとった。これが、生産者と消費者の中間で影響力があったとされる。他方、日本の場合は、中間業者は、消費者のニーズがあれば取り扱うという姿勢を見せているとされ、消費者自身の意識や情報が問われている。

2　インフラ整備（流通・加工・販売ルート）

以上のような、消費者が潜在的に有している環境保全という価値観に対応できる経営を行って林業を立て直そうという動きは、生産者の努力に大きく依存している。しかし、生産者がどれほど努力しても、生産者と消費者をつなぐシステムがなければ、市場による環境保全の流れは成立しない。そこで次に、わが国での木材生産に関して、生産者と消費者をつなぐ加工・流通・販売システムがどうなっているのかを検討し、今後の課題について検討したい。

①未整備な日本の林産物の流通・加工・販売システム　外国産材のほうが人件費その他が安く、輸入が自由化されている市場においては競争にならないと言われてきた国産材であるが、人件費の問題だけでなく、積極的な流通ルートがないことも大きな問題となっている（田中二〇〇二、天野二〇〇六）。

先に述べたとおり、第二次世界大戦後の木材需要の高まりを受けて一九五〇～六〇年代に急速に造林したものの、当時はまだ樹木も幼く、出荷できる状況ではなかった。そのため、木材の流通経路やシステムが近代的・効率的に整備される機会がなかった。

例えば、輸入材は、ほとんどが十分に乾燥した状態で入荷され、曲がり、縮み、歪みが出ないとされるが、国産材の中の乾燥材の割合は一割程度（大部分が生木のまま出荷）であり、これまで乾燥設備を整えてこなかったことで遅れが出ているという。また、ロット（大きさ）とアイテム（種類）の確保についても、輸入材を扱う商社が介在して、注文に応じて材木を調達しているが、国産材では、注文のあった規格の材木を、求められた量だけ迅速に提供する在庫がない。出材コストを見ても、林道・作業道の整備が進んでおらず、高性能機械の普及の度合いが低い。樹木の利用度についても、かつて日本では根本に近い幹だけを利用し、樹皮や枝葉を廃棄物扱いしていた。欧米では、そうしたものを削りつぶしてチップや製紙材料、パーティクルボードの材料にし、さらには樹皮も燃やして発電や材木の乾燥に利用し、すべて無駄なく利用する（コスト削減）とされ、そうした動きは日本ではつい最近取り入れられるようになってきたばかりである。

②野庁によるシステム改革の動き　こうした課題を受けて、林野庁もようやくシステムの整備に乗り出した。二〇〇六年に林野庁が打ち出した五カ年計画の事業「新生産システム」は、流通過程まで含めた視野で日本の林業を立て直そうとするものである。これによれば、日本の林業の不振の原因として、森林の所有規模が零細であることに加え、林業・木材産業に係る生産・流通・加工が小規模・分散的・多段階となっていること、また、ニーズに応じた製品の安定供給ができず需要が低迷してきたことが指摘されている。そこで、こうした状況に対処するため、新生産システムモデル地域を選定し、①川上（木材の生産者）から川下（木材の利用者）までの合意形成を促進し、②森林施業や経営の集約化、協定取引の推進、生産・流通・加工のコストダウンを図り、③ハウスメーカー等のニーズに応じた木材の安定供給を図ることなどを通じて、地域材の利用拡大、森林所有者の収益向上、森林整備の推進を図るとしている。その具体的な内容は次ページ（**表3**）のとおりである。

③住宅メーカー・工務店を通じた消費者への通路づくり　林野庁による全国的な仕組みづくりは、決して一朝一夕で実現するものではない。伐採期を迎えている国内の様々な樹木についても、その出材コストが高

表3　林野庁による新流通システム・新生産システム

1. 林家等の収益向上と安定的な木材供給体制の確立のためのシステム構築

　木材安定供給圏域システムモデル事業

　　モデル地域において木材加工事業体への木材の供給量・供給時期・価格決定方法等に関する合意形成を行うとともに、これに基づく安定供給システムの設計、経営診断、分析・評価等を実施。

　森林・所有者情報データベース設置事業

　　零細な林家等が伐採を行おうとする林地をデータベースに登録

　　素材生産事業体が当該データベースを閲覧

　　林家等への集約的な伐採の働きかけを促進することにより、林家等への収益向上を実現

2. 施業・経営の集約化による健全な林業経営モデルの提示

　林業経営担い手モデル事業

　　施業・経営の集約化を図り効率的な林業生産活動を行う取組を支援し、効率的・安定的な林業経営を行うモデルを提示。

3. 森林施業、生産流通における低コスト手法の試行・実証支援

　革新的施業技術等取組支援事業

　　森林施業、素材生産、流通におけるコストダウンのための施業技術・事業手法等の試行的・実証的取組を公募により支援し、普及活動を実施。

4. 品質・性能の確かな製品を低コストで安定的に供給する体制の整備

　戦略的木材流通・加工体制モデル整備（強い林業・木材産業づくり交付金）

　製材工場の大型化等の推進

　品質・性能の確かな製品を安定的に供給するための木材加工施設を導入

5. 木材利用の拡大

　構造材以外の製品開発に向けた技術開発

いからこそ放置されている現状を思うと、まずはともあれ、加工業者の側がそれらを利用しようと関心を持つことが必要となる。

昨今、住宅メーカーによる環境配慮型の「木の家」ブームが見られるが、これは、市場ルートのパイプをつくるためのよい契機となる。その中でも、国産の木材を使って林業の再生に寄与しようと、全国の工務店が立ち上げた「近くの山の木で家をつくる運動」（「近山」運動）は注目に値する。住宅建設を請け負う工務店が、住宅の施主と材木の生産者をつなぎ、時には森林の現場に案内して国内の自然環境について考えてもらう機会をつくるという方法である。工務店のきめ細やかな対応によって、環境保全についても住宅の構造についても情報提供がなされ、環境保全に寄与する満足感を施主に与えるとともに、住宅建設後も長く続く信頼関係の構築にも寄与しているという。設立時の署名は、著名人も含めて一八〇〇名であり、多くの賛同者を得ていることがわかる。

五　市場メカニズムによる森林保全を支援する研究者の役割

ここまでは市場メカニズムを通じた森林保全に関する様々な具体的取り組みを紹介してきた。しかし、こうしたシステムは、本当に実現可能なものなのだろうか。また、実現可能にするためには個々の条件に応じたどのような工夫が必要なのだろうか。林業経営に関する研究活動も、森林保全を社会的に支える重要な要素である。

1　林産学（森林科学）

森林環境や林業のあり方を直接的な研究対象としてきたのは、林学、林産学、最近では森林科学という名称で呼ばれる学問分野である。森林の植生や、自然生態系そのものについて研究し、また林業経営の実態や制度についても詳しい分野である（井上他二〇〇四、国民森林会議二〇〇六）。

既存研究を概観すると、地域ごとの森林の様相に関する研究、森林の所有構造に関する研究、林業の生産・加工・流通・販売の経路やシステムに関する研究、林業現場の労働力や地理的特性に関する研究などがあり、最近では、いかにして生産性を高め、林業経営を軌道に乗せるかについて数多く検討されている。それらの研究の潮流を見ると、かつては森林を私的財と捉えていたものが多かったようであるが、最近は公共財としての側面を重視し、森林の公共的機能を主張することで、環境保全と林業のすり合わせを模索する動きが見られる。

他方、森林環境、林業を直接的な分析対象としている分、林業の振興を社会経済の側から捉える場合には弱点もある。林業再生に向けた活動の意義や成否を考える際に、生産者サイドの努力や熱意に注目してしまい、消費者側の意識や、市場システムの動向への冷徹な目が後退気味になってしまう。

例えば、森林認証制度に基づく木材ニーズがどのくらいあるのかなどの本格的なマーケットリサーチや経済的な波及効果に関する研究は、十分には行われていない（最近では森林総合研究所二〇〇七がある）。そのため、生産者側が努力している事例を紹介し、それを幅広く訴えようとする研究は行われても、その努力が消費者のニーズにまでつながっているのか検証が難しい。消費者側が、森林保全の構造について十分な知識を持っていなければ、そもそも選択しなければ、市場による環境保全・林業再生は実現しないのである。

森林環境の保全について、運動論による保護や政府の政策による直接的な保護を念頭に置くのであれば、樹木や森林の特性に関する議論で十分であろう。しかし、私的財としての木材を市場において流通させることで森林の保護を図ろうという場合には、やはり経済学的な分析が必要となる。林産学・森林科学の研究だけでは消費者のインセンティブ構造などは分析できず、経済的に成功するシナリオの作成にはつながらないのではないだろうか。

また、森林保全と林業の緊張関係について言及が甘いとも言われる。それにより、公共的価値を持つ森林を、私的財としての材木の価値による市場を通じて守ろうという理想が、逆に空回りする危険性もある。と言うのは、特別な自負心と信念で森林経営をする経営者の存在が素晴らしいのは言うまでもないが、一般的な森林所有者・林業経営者の本音を考えたとき、生態系が保全され防災機能が高く美しい森林をつくっても、それだけでは自らの収入の増大にはつながらないからである。森林の所有者にとっては、木を伐り出して市場に出してこそ収入が得られる。その際、短期的に見て最もコストが安く収入が高くなるのは、丁寧な間伐を少しずつ繰り返して伐採するのではなく、ある程度育った区画をまとめて皆伐する方法である(これは森林の生態系の維持といった観点からはマイナスとなる)。生産者の短期的な経済インセンティブを考えた場合、認証制度によほどの価値がなければ、市場を通じた森林保護が図られるとは言い難い。

2 環境経済学

こうした観点から、環境保全に関わる経済学的観点も必要となる。ここで、環境保全に関わる経済的な関係分野として、「環境経済学」が挙げられよう。この学問分野は、環境汚染・環境破壊の問題を、市場の外部不経済として位置付け、どのような仕組みを導入すれば、環境に配慮した行動をとるインセンティブをアクターに植え付けられるかを検討する学問である。これらの議論によって、政府の施策に関しても、関係者のインセンティブ構造に応じた仕組みの導入が議論されるようになった(ターナー・ベイトマン・ピアス二〇〇一、日引・有村二〇〇二、植田一九九六、諸富二〇〇三)。

ただし、「環境経済学」の既存研究を見る限り、森林保全に関する分析は比較的少なく、ましてや林業に関わる論点となると、それを分析対象としている研究はほとんど見当たらない。森林に関わる分析としては、原生林破壊や熱帯林伐採などの経済活動とのゼロサム(一方の利益が他方の損失になる)問題や、コモンズの悲劇論などの公共財としての森林の保全を扱う視点が中心である。

環境経済学が、林業を十分に分析対象として扱い切れていない背景には、二つの要因がある。まず第一に、もともと環境経済学の主たる対象は、企業・工場による大気汚染・水質汚濁・廃棄物発生(公害問題)である。環境経済学は、市場の外部不経済＝公共財としての環境の価値に注目しているため、資本主義経済、高度経済成長を推進してきた第二次産業(工業・建設業)の副作用に注目する傾向が強い。第二に、樹木という存在そのものが、市場経済の外部経済なのか、それとも市場で取引される私的財として扱うのか、その両面の要素を持っていることが、環境経済学の分析枠組みにとって扱いにくいこととなる。第一次産業の成果物は、私的財でありながら、緑地面積という環境要素を生み出すため、両義的な位置付けが可能である。「良好な環境＝公共財＝外部経済」という環境経済学の基本図式ではなく、「人工林＝私的財＝市場経済内部の要素」という構造が存在しているのである。

こうした複雑な構造を考慮すると、公共財および私的財としての森林保全・林業の振興という論点は、環境経済学にとっての新たな研究領域として位置付けられよう。林産学・森林科学の専門知識に照らせば、「人間の経済活動によって破壊される森林環境」という外部不経済に関わる視点とともに、「人間が経済活動（間伐など林業活動）をしないから衰退する森林環境」という別の側面があることに気がつく。「環境は市場経済の外部にある」という結論だけで済ませるのではなく、議論することによって、環境と市場経済の新たな関係について考察してもよいのではないだろうか。

3　学際的協力の必要性

このように林産学と環境経済学の視点は、それぞれ長短がある。だからこそ、今後の日本の森林保全と林業再生のための知的なインフラストラクチャー構築のためには、これらの自然科学と社会科学の連携が必要であると思われる。また、この二つの分野以外に、市場における第三者機関や行政の役割を分析する行政学・政治学や流通システムを一般的に分析する経営学の視点も重要かもしれない。市場ガバナンスを通じた環境保全を図るためには、これまで自然科学系の研究者が中心だった分野に、社会科学、特に経済学の視点を加えていくことが不可欠である。その意味では、学際研究は実践的にも必要なのである。

六　森林保全における消費者の役割の可能性

本章では、市場メカニズムを活用した森林保全の試みとその課題について論じてきた。このような新たな試みは、第三者機関や業界団体による森林認証制度の創設、業界自身による流通ネットワークの再編成、行政によるシステム改革の動きによって進められつつある。これらは、情報の提供等をとおして、消費者が選択を行うことを可能にするための側面支援と言える。したがって最終的には、消費者自身がこのような機会を有効に活用することが重要である。森林認証制度自体も二極化しており、どのような制度が信頼されるのかも消費者自身の選択をとおして決まっていくことになる。

もちろん、消費者だけが市場メカニズムによる森林保全を支えるわけではない。流通経路を工夫する業界や学際的研究を行う研究者も重要な担い手である。また従来、政府に要求することを主要な行動様式としてきた自然保護運動も、消費者への情報提供や消費者教育をとおしてその選択を支援するという活動経路もありうる。多様な主体の連携の中で、消費者自身の役割を育成していくことが不可欠であろう。

参考文献

天野礼子（二〇〇六）、『林業再生　最後の挑戦』農文協
井上真・酒井秀夫・下村彰男・白石則彦・鈴木雅一（二〇〇四）、『人と森の環境学』東京大学出版会
植田和弘（一九九六）、『環境経済学』岩波書店
熊崎実（二〇〇二）、「自然保護と森林」、吉田文和・宮本憲一編『環境と開発 環境経済・政策学（第２巻）』岩波書店
ケリー・ターナー、イアン・ベイトマン、デビッド・ピアス（二〇〇一）、『環境経済学入門』東洋経済新報社
国民森林会議編（二〇〇六）、『森林の再生に向けて―環境と生産の両立を考える』日本林業調査会
森林総合研究所（二〇〇七）、『森林・林業・木材産業の将来予測？　データ・理論・シミュレーション』日本林業調査会
全国林業改良普及協会（二〇〇四）、『「緑の循環」認証会議』林業改良普及叢書
祖田修（二〇〇二）、「環境と農業・農村―人は飢えずに環境を守れるか」、吉田文和・宮本憲一編『環境と開発 環境経済・政策学（第２巻）』岩波書店
田中淳夫（二〇〇二）、「日本の森はなぜ危機なのか」平凡社新書
速水勉（二〇〇七）、『美しい森をつくる―速水林業の技術・経営・思想』日本林業調査会
日引聡・有村俊秀（二〇〇二）、『入門 環境経済学―環境問題解決へのアプローチ』中公新書
マイケル・B・ジェンキンス、エミリー・T・スミス（二〇〇二）、『森林ビジネス革命―環境認証がひらく持続可能な未来』築地書館
諸富徹（二〇〇三）、『環境　シリーズ思考のフロンティア第一回』岩波書店

第3章　患者がつくる「市場」

——医療評価と患者の決定

畑中　綾子

私はこれまで一度も病院に行ったことがない、という人がいれば、それはかなり珍しい部類に入るだろう。医療はわれわれの生活に密着しており、それゆえ時に地域の噂の対象ともなる。評判の診療所もあれば、ヤブとささやかれる病院など、あそこの医者は無愛想だとか看護師さんが親切だといったことも含め、患者は地域の医療を評価してきた。

近年、この医療評価が大規模に行われている。病院のランキング本が出版されたり、第三者による評価が公開される。よい医療を望む患者にとって有用な情報であるが、この評価は評価者の視点や基準によって結果が大きく異なりうる。そこで本章では、医療評価を賢く利用する患者について考える。

また、患者には情報の受け手だけではなく、発信者としての役割も求められている。医療の選択は、時に人生に関わる重要な決定ともなる。その場面では、情報を集め、理解し、選択していく主体的な患者が求められているのである。

一　豊富な医療情報をどう利用するか

ある日、突然のめまいに襲われ、あわてて近くの診療所に駆け込みました。医師が言います。

「血圧が高めですね。一度、大きな病院で診てもらったらいかがですか」

「近くに大きな病院はいくつかあるけど、いったいどこに行けばいいんだろう……。この近くには優秀な病院があるのだろうか……」。浮かんでくる大きな不安を胸に、帰り道に本屋に立ち寄ったあなたは、そこに並ぶ医療関連書の充実ぶりに驚くことだろう。

今やわが国では、医療に関する情報を得る手段は豊富に存在する。本・雑誌、テレビの情報番組、自治体やＮＰＯの開設する相談室や電話相談、―インターネットが使える人であれば、自宅にいながら、さらに何十倍もの情報を手にすることができる。気軽な解説書から、専門書かと見まがうような分厚い本まで、医療に関する知識や情報は、もはや医療者のものだけではない。

優良な病院や医師について、患者の持つ情報を積極的に活用するものもある。いい病院や医師に関する患者の口コミ情報、時にはランキングをつけたものが公開される。ここでは、どんな医療が求められ、何がよい医療とされるか、患者が決定しているとも言えよう。また、患者が医療機関や医療従事者に対して直接意見を言い、これに医療者が対応する形で医療を変革していく仕組みも想定できる。現在、医療における患者には情報の受け手というだけではなく、情報の発信者としての役割が求められている。

本章では、「医療に参加し、医療をつくる」という役割を持った生活者としての患者に注目しよう。

二　医療を評価する

「評価」は、私たちの社会ではあらゆる場面で行われている。会社の格付けや人事評価、小学生の通信簿も一つの評価である。評価とは、ある価値に基づいて優劣を判断するものであるから、評価の対象となるものには、ある価値から見たときに違いがあることが前提となる。

これまで医療という分野は、この評価とは必ずしもなじむものではないと考えられてきた。医師国家試験を通った医師はおしなべて優秀であり、医療機関はどの機関も均一の能力を有することがその前提にあったからである。たとえ違いを認めていたとしても、その違いをおおっぴらには表明しない、という暗黙のルールがあったように思われる。

しかしながら近年、医療においても、優良な医師や医療機関について、他と比べたときの優位な差を明らかにするようになってきた。例えば、医療の質の高さを裏付ける第三者機関による医療評価や、本や雑誌などのメディアによるランキング本の出版、経済的評価として医療機関の格付けを行う機関も現れた。

評価を通じて「よいこと」が社会的に認知されることで、多くの医療者が目標を持って、医療に取り組むことが期待される。そして医療機関同士が切磋琢磨し、よい医療に淘汰・誘導されていくことで、医療の質全体の向上が望まれる。また、評価の過程において、医療機関の性格や得意とする分野が示されることともなり、医療機関がその機能に応じて役割を分担し、相互連携に貢献することも期待される。

しかし、この医療を評価することは結構、難しい。あるものに対し「よい」と感じる基準は人それぞれ異なるからである。例えば、おいしい店に対する評価で考えてみよう。私たちの日常では、インターネット、雑誌、テレビ等を通じておいしい店の口コミやランキングが数々紹介されている。デートや飲み会の前にはこの情報をチェックして、店を選ぶという人もいるだろう。この口コミでは、同じ店の味や雰囲気について、すべての人が同じ評価をしているわけではない。また、実際に行ってみた店が、口コミ通りと感じるか、評判ほどでもないと感じるか、もしくはそれ以上と感じるかは、その人の当日の体調や期待度、その日の天候などによっても左右されるだろう。つまり、人間による評価とは曖昧で、主観的な面を多分に含んでいるのである。

ましてや、医療機関のような専門的な機関を評価することは難しい。自宅や駅からの病院の距離や、設備のきれいさ、待ち時間の短さといったものであれば、ある程度の尺度で測れるだろう。しかし、治療行為の内容やスタッフの対応について、どのような尺度を用いればよいのであろうか。さらに進んで、医師の手術技量や判断力を評価することはきわめて困難である。一方で、医療の「質」を考えたときに、医師やスタッフの技量は、単なる設備や距離といった情報よりも重要で本質的な内容となる。

このようなことを念頭に、医療とは、誰が、どのように評価すべきか、について考えてみることにしよう。

1　第三者による医療評価

医療を第三者が評価するという仕組みは、アメリカにおいて始まった。ＪＣＡＨＯ（The Joint Commission on Accreditation of Healthcare Organization＝医療機関合同評価委員会）という民間団体が、その母体である。日本もこの機関の活動を参考に、医療評価の仕組みを築き上げてきた。

ＪＣＡＨＯは、医療機関を認定、評価する非営利の民間団体として一九五一年に設立され、現在ではアメリカにおける一万八〇〇〇以上の医療機関の評価・認定を行っている。医療機関にとって、ＪＣＡＨＯの認定を受けることは、国家の要求するレベルの質を確保していることを意味し、メディケア（高齢者医療保険）、メディケイド（低所得者障害者医療保険）といった医療保険を受けるための条件ともなっている。また、ここで行う認定は、医療の専門家による評価という意味でピア・レビュー（Peer Review＝同僚審査）と呼ばれ、医療者による医療のための自律的な評価を行うという点に特徴がある。

日本において、評価の検討が始まったのは、一九七〇年代に入ってからである。まず一九七六年、日本医師会内に「病院委員会」が設置され、病院機能評価の手法について議論が行われた。一九八五年、日本医師会と厚生省が合同で「病院機能評価研究会」を設置し、「病院機能評価マニュアル」を作成公表した。同年、東京都私立病院会青年部会により「ＪＣＡＨＯ研究会」が組織され、さらに一九九〇年「病院医療の質に関する研究会（質研）」が発足した。その後、諸経過を経て一九九五年七月、日本で初めての第三者評価機関である、財団法人医療機能評価機構が誕生したのである（一戸 一九九八、一三頁）。

これらの研究会は、ＪＣＡＨＯの行う医療者間による相互チェックの仕組みを日本に導入しようと試みたものである。この仕組みとして、医療機能評価機構では、サーベイヤーと言われる調査者数名が現地に赴き、第三者そして医療専門家の視点から調査を行う。例えば、大きな病院であれば、医師二名、看護師二名、医療事務方二名の六名が一つのチームとなって調査を行う。サーベイヤーの所属や出身大学などについても、調査対象機関に対し第三者性が保たれるよう調整される。このグループ調査を経て、ある一定の水準に達していると判断された病院に対し、「認定書」が発行されるのである。現在、二三九九病院（全国八八九二病院中、二〇〇七年一〇月現在）が認定を受けている。

2　患者視点の導入

病院機能評価の調査項目は広く、例えば、一般病院では、病院の理念と組織的基盤、地域ニーズの反映、診療の質の確保、看護の適切な提供、患者の満足と安心、病院運営管理の合理性の六領域にわたり調査される。開始当時から現在まで調査項目は改訂を重ね、項目数も増加し、その数は現在五〇〇を超える。この調査項目において、開始当初と比べて大きく変わったのは、患者の視点の項目が追加されたことである。改訂を繰り返すごとに、患者の権利保護や、患者視点の尊重といった項目が加えられてきたほか、二〇〇〇年の改訂において、一つの領域として項目立てされるようになった。このことは、患者の視点の尊重が、医療機関を認定する際の条件となっていることを示すものである。

このような患者の視点への注目は、一九九〇年頃からの患者の権利意識の向上が社会的な背景にある。

また、一九九九年に連続して起きた横浜市立大学病院の患者取り違え事件、都立広尾病院の薬剤取り違え事件は、社会に衝撃を与えた。これら医療事故を契機に国民の医療安全への関心は飛躍的に高まったと言える。メディアによる連日の医療事故の報道は国民、患者の不安をあおり、患者は、さらに多くの情報を求めるようになった。これに呼応する形で、患者の権利や視点が注目されるようになってきたのである。

医療機能評価機構は、認定した医療機関に対して認定書を発行する。この認定書は医療機関のロビー等に掲示されることが多く、患者らはこのような形で認定を受けたことを知ることができる。

また、評価結果は医療機関ごとに、各調査項目について五段階評価での点数が表示され、さながら医療機関の通信簿のような形式になっている。この情報は、同機構ホームページ上にある検索欄に病院名を入力すれば、誰でもアクセスできるようになっている。ただ、患者や国民に向け情報を提供するというよりも、あくまで医療機関のピア・レビューとしてのものであり、どの病院を選べばよいのか、といったアドバイスを与えることが目的ではない。

三　患者に発信される医療評価

患者向けに提供される医療評価の代表格は、病院や医師のランキング公開であろう。

病院のランキング本は、一九九六年に医療ジャーナリストの丹羽幸一が米国の医療判断学を使って病院を格付けした『日本全国病院〈実力度〉ランキング』（宝島社）が先駆けである。この本は、病院ランキング本としては、日本初のベストセラーになったことで注目を集めた（木村 二〇〇五、九〇二頁）。また、最近では、音楽・楽曲ランキングで有名なオリコンが、医療機関ランキングに参入したことが大きな話題となった。このオリコンによるランキングは、インターネットや郵送形式による患者への大規模なアンケート調査を実施し、項目ごとの五段階評価の総合得点で決定する。患者・国民は、書籍やインターネット上で、診療科ごとのランキング結果を見ることができる。それ以外にも、本屋には多くの病院ランキングや名医ランキングが並んでいる。医師の選ぶ名医や、手術数を基準としたランキングなど評価者や評価基準も実に様々である。

1　誰が評価するか

ランキングによる結果はそれぞれ異なっている。これは、何を評価の基礎とするか、誰が評価するかの違いによるものが大きい。この違いは、それぞれの評価に根拠があれば悪いことではない。様々な視点から見た結果が示されることもあるからである。

例えば、先に挙げたおいしい店ランキングも、二、三〇代の女性が選ぶランキング、ファミリーで行く店ランキング、有名人が選ぶ店ランキングなど、評価者や評価の基準によって結果は異なるであろう。評価者が誰であるかが示されていれば、読む人の目的によって選択すればよい。女性に好まれる店を知りたければ女性が選ぶランキング本を手にとればよいし、デートや接待を目的とするならば、その目的に沿ったランキングに頼ることが考えられる。評価結果を手にとる人が、評価者の背景や評価基準を知れば、その情報をうまく利用することができるのである。一方で、その評価の基礎が信用できるか（例えばインターネットでは、時に店側の自作自演が疑われる）といった問題や、自分の目的と合致する評価であるか（独身女性同士で、ファミリーに人気の店を選ぶ必要はないであろう）をきちんと把握しておく必要がある。つまり、評価を利用しようとする人が、ある評価が何を基準にして結果を導いたかに自覚的になることが必要である。

例えば、医療評価には医師が選ぶ名医、医師が選ぶ優良病院など、医師が評価者となるものがある。これは、医療の専門家である医師がその知識をもって評価しうるという利点がある。一方で、医師同士の内輪の評価ではないか、とか、医療の受け手の気持ちにどれだけ寄り添った判断ができるのか、について疑問もある。一方、医療の受け手である患者の評判や口コミを基準とすることは、アメニティや医療スタッフの愛想のよさは判断できるとしても、医療の専門性に対して、どこまで評価できるのか、という疑問が発せられる。もちろん、アメニティや医療スタッフの対応のよさも医療の受け手にとって重要な要素であることは否定しないが、医療を受けるという局面で、最も重要なことは、その病気や怪我に対する適切な技術と判断であろう。

2　客観的評価軸は万能か

では、誰かによる評判や口コミという主観的な評価ではなく、客観的な評価軸を用いたらどうであろうか。例えば、施設の規模や充実度、平均の待ち時間やアクセスのよさなどを基準に評価するものである。このような評価軸は確かにわかりやすく、平均待ち時間やアクセスのよさも、病院を選ぶときの一つの要素であることは間違いない。しかし、外面的な基準だけでは、医療の中味を評価する上で十分ではないであろう。

では、手術の症例数や成功事例数といった、医療の中味について評価軸を設けた場合はどうであろうか。重大な疾患を抱えていたり、手術する病院を選ぼうとする患者にとって、このような情報は非常に有益であると考えられる。また、多くの症例を経験し、かつ成功率の高い病院であれば、その疾患に対する専門性の高さを表明できる機会となろう。しかし、この手術症例数や成功事例数といった一見、公平に見える基準には落とし穴がある。例えば、高度な技術を持ち重症患者ばかりを扱う大学病院や国立病院などの高度医療機関では、その手術数は限られるし、その成功率は必ずしも高くはない。一方で、同じ病名でも比較的軽度の患者を多数扱う中小病院のほうが手術数が多く、成功率も高いことがある。このとき、症例数や成功率といった評価軸では、軽症事例を多数扱う病院のほうが高く評価される結果となる。逆に重症事例を集中的に扱う高度医療機関が十分に評価されない可能性があるのである。さらに、この評価軸の下で良好な評価点数を獲得するため、危険度の高い患者を他病院に転院させるなどの対応も考えられる。これでは、よい医療の実現という意味では本末転倒となろう。そこで、それぞれの評価軸の意味を理解した上で、患者・国民が評価結果を選ぶことが必要になるのである。

3 評価による反動

医療機関や医師にとって、よい評価を受けることは、うれしいことである。患者にとっても、簡単に医療機関の善し悪しを知ることができることは望ましいことであろう。しかし、この評価が利用されることで、困ったことを招来する可能性も考えられる。評判のよい医療機関や医師を受診しようと、患者がある一部の医療機関へと集中することである。この患者の集中により、受診までに時間がかかったり、医療者を忙殺することが考えられる。場合によっては多忙から医療サービスの質の低下を招くことも考えられよう。

これがレストランであれば、お客さんが増えるのはうれしい悲鳴とばかり規模を拡大したり、予約客に限るなどで対応することもできるであろう。しかし、医療の分野で、病院の診療スペースを拡大したり、人員を増やしたり、予約制を導入したりといった対応をとることは、必ずしも容易ではない。

まず、病床数を増やすには、病床規制という壁がある。病床規制とは、ある一定の医療圏ごとに基準となる病床数が定められ、この基準数を超えて新たな病床を整備することを制限するものである。既存病床数が基準数を上回っている地域で、新たに病床を設けるときは、都道府県知事の勧告を受けることがある。勧告がなされたにもかかわらず、病院を開設した場合は保険医療機関の指定を受けられないことがあるのである。

この基準病床数は、地理的条件や日常生活や交通事情など社会的条件を考慮して分けられた医療圏ごとに各都道府県が決定する。しかし、基準値に対する実際の病床数は全国的には過剰の状態にある。例えば、平成一四年三月の調査では、三六三の二次医療圏のうち、二一二地域が基準値を上回っており、日本全国としては八万一一三四床が基準値を超えていることがわかった（厚生労働省医政局「医療計画の見直し等について」平成一五年九月）。つまり、多くの地域は、病床過剰地域となっており、新たに病床を増やすことは困難な状況にある。ある一定の分野、例えば、がんや小児科、救急といった重要度の高い病床についての例外は認められている（医療法第三〇条の三第七項、医療法施行規則第三〇条の三二の二）が、この病床規制が必要な増床や新規参入を阻害するという問題が起きている。また、医師や看護師のスタッフの数も、病床数を基準として配置基準が決定されるため、病院に余裕がない限り増員は困難な状況にある。

4　総額の決定された医療市場

病床規制は、安易な増床による医療費の増大を防ぎ、適切な病床数のコントロールを行うことを目的とする。この医療費抑制は、医療政策の上で非常に大きなウエートを占めている。医療市場は、医療費の総額という枠が決められた範囲で行動することが予定されているのである。

経済用語で、市場参加者が分け合う収益や費用の全体の総額をパイと呼ぶ。アップルパイなどの食べるパイ同様、おいしいものを皆で分け合うイメージである。市場全体の収益や総額を上げることを、取り分の全体を増やすという意味で「パイを増やす」と言ったり、お互いにシェアをめぐって争うことを「パイの奪い合い」などと言うことがある。

医療を市場として捉えたとき、このパイの大きさが、国家の医療費抑制の圧力によってコントロールされているのである。そこで、当事者が競い合いながらパイの量を増やしていくタイプの発展ではなく、あらかじめ決められたパイを奪い合っていくしかない。

このとき限られたパイであれば、どのように参加者が分け合うのかという効果的な配分方法に慎重になるべきであろう。地域におけるパイの大きさを決定づける二次医療圏の区分けが、生活の実態に見合ったものであるかどうか、都道府県ごとに策定される基準病床数の決定が妥当であるかは詳細に検討する必要がある。例えば、過去の病床配分が現在も維持されることで、優良な医療機関に回るべき病床が実は、そうではない医療機関で確保されているのではないか、などの問題も提起される。優良な医療機関に病床を回すには、医療評価の結果が基準病床数の決定や病床配分の決定に利用されることが一つの方法として考えられる。しかし、現状において評価がこのような決定に利用されているという実態はないように思われる。厚生労働省は「医療計画の見直し等に関する検討会」ワーキンググループ報告書（平成一六年九月二四日）を公表し、病床規制の意義や実態を反映した医療圏の見直しを検討するとしているが、その実態調査の中に医療評価を取り込むことは検討されていない。

5　資源配分への患者の参画

もう一つ、患者の集中を回避する方法として、予約制を導入することについても考えてみよう。すでに医療現場では、患者が受診まで何時間も順番待ちをしているという状況もある。そこで、初診時には地域の診療所で紹介状を書いてもらった上で予約するという紹介予約制をとる病院や、産婦人科や歯科などで完全予約制を導入している病院もあるだろう。予約制には、患者の待ち時間を短くしたり、朝早くから競って順番とりをしなくてよいなどのメリットがある。しかし先に予約をした人が医療を受けられて、予約できなかった人は受けられないという方法で受診者を決することが必ずしも妥当ではない場合がある。もちろん、待ち時間や先着順を考慮しなければならないこともあるが、より切実に医療を必要とする患者がいるのに、それら患者の受診機会を奪うことは社会全体として望ましくない。そこで自分の必要な医療と提供される医療水準の度合いを考慮した上で患者が医療機関を選択して行動することが望まれる。この選択行動が、限られた医療資源を効率的に配分することになるのである。例えば、大病院なら安心と、風邪や軽度の治療で高度医療機関を訪れることや、一般診療所でも可能な治療を専門病院に求めるといった行動を控えることも、生活者にできる適正な資源配分への参画なのである。

四　医療者からの情報発信

1　クリニカル・インディケーターの作成

評価がうまく利用されれば、少ない医療資源でよりよい医療へと誘導していくことも可能であることがわかった。しかし、評価の価値は認めるものの、評価の基準には先に述べたようにそれぞれ一長一短もある。どれがよい医療の評価軸であるのか。その評価軸は、一概には決定できないのである。

このような状況において、医療機関自らが、自己の機関を正当に評価しうる評価軸を作成するということも考えられる。評価される側から評価の主体へ、どの評価軸も自分を評価するには十分ではないのならば、医療機関自身がその評価の指標をつくろうとしたものでもある。医療機関自身が、自己を評価するのに有効な尺度を探ることは、自らに課せられた役割や地域における機能を自覚する過程と重なる。また、医療機関には、病床稼働率や看護必要度といったいくつものデータが収集されているから、これらの情報を分析し活用することができる。このように作成された評価軸は、第一義的には、自己チェックとしての機能を果たすが、次のステップとして、類似の機能を持つ医療機関の能力を測定したり、互いに比較し合うためのツールとして有用であろう。また将来的には、何が適正な評価軸であるのかを比較・検討する材料を提供することにもつながっていく。この医療を評価する軸は、クリニカル・インディケーターと呼ばれ、様々な医療機関が作成に取り組んでいる。

2　病院情報の提供

医療機関に比較的近い機関が、病院の情報を提供するものもある。

健康保険組合連合は、病院情報「ぽすぴたる」を設置し、被保険者への病院情報の提供を行っている。同連合のホームページにおいて、「基本情報」（病院名、住所、診療録など）と「施設基準情報」（診療報酬上の加算項目の列挙と解説）を提供しており、現在、日本の病院の約九割が検索可能である。また、「ぽすぴたる！情報」として、登録病院についてはは専門医情報や取り扱う診断・治療方法についても調べることができる。

また、診療所の情報も含め、広く医療情報を検索できるものとしては、独立行政法人福祉医療機構が運営するWAMNETがあり、同機構ホームページでも各医療機関の取り扱う手術方法やその件数なども調べることができる。また、各都道府県においても、自治体ごとの医療機関の情報を検索できるようにしている。

これら情報は、患者の住所周辺にどのような病院があり、医療機関の専門や診療科などの基本的な情報を簡単に知ることができ、どの病院に行くかを検討する際に参考となろう。しかし、その診療科が他の医療機関に比べて優秀かどうかといった踏み込んだ内容にまで言及するものではなく、あくまでも基本的な情報提供を行うものである。

3　自治体による情報公開

医療政策として、医療機関の情報発信を促す動きもある。二〇〇二年四月からの医療機関の広告規制の緩和、さらに各都道府県での病院情報の公開である。平成一九年四月二四日付の朝日新聞には次のような記事が掲載された。

「脳卒中ならこの病院」公表――厚労省、都道府県医療計画に指針

厚生労働省は、がんや脳卒中など「国民病」といわれる4疾患について、都道府県ごとに定める医療計画に、初めて死亡率や健診率など具体的な数値目標を盛り込むことを決めた。地域ごとの病

気の特徴や、医療ニーズをつかみ、病状に応じて、受診すべき医療機関を明記するなど、施策に反映する狙いだ。（中略）
今回の医療計画見直しで厚労省が目指すのは、疾病対策の数値目標に加え、がん、脳卒中などの「国民病」になった患者に、どの病院が適格かという情報を提供することだ。都道府県が来年度、病状に応じて「訪れるべき病院」を公表する。

この記事によれば、実際に死亡率などの具体的数値という指標を使って、各都道府県の力点を置くべきポイントを明らかにし、各地域における病院の機能や得意分野に関する情報を提供することが求められている。医療は、自分の居住地を拠点とした地域性の高いものであるから、各地域において、どのような医療が必要で、またどのような機関があるかを明確にすることは望ましいことである。しかし、その一方で、各都道府県が地域の医療機関に関する情報をとりまとめ、公表することには、次のような課題があると考えられる。

まずは、評価軸そのものの問題である。例えば、当初各病院において五年生存率（手術後五年後の生存率で手術成功の一つの指標ともなる）の公開が検討された。しかし結局、五年生存率のデータそのものの公開は断念し、五年生存率を調査しているかという体制の有無を公開するにとどめた。なぜなら第一に、医療機関ごとに抱える機能の違いをうまく表現できない点がある。先にも述べたように、患者の生存率は、各医療機関の抱える患者の病状の難易度に左右されることがあり、生存率が低いことが、すなわち不良機関であることを示すものではないからである。第二に、五年生存率などのデータは、重点項目に挙げられるようながん、心臓病などの病気についてはデータがあるが、そもそもデータの蓄積がない病気もあり、一斉公開にはなじまないからである。さらに、この生存率は、医療機関の自己申告であり、そのデータや数値の適正を担保できないというデータの客観性や正確性に関わる問題がある（木村二〇〇五、九〇三頁）。

また、発信者のリソースや公共性に関わる問題もある。現在、都道府県ごと各自治体の役所に対して、データのとりまとめと情報発信を求めている。しかし、医療機関の情報をとりまとめるには、相応の能力を持つ人材を質的、量的に確保することが必要である。また、日本国内のすべての自治体が一斉に公開するものであるから、ある地域では十分に対応し、ある地域ではまったく行わないというような地域差が大きいことは問題である。そこで、全国一斉の情報提供が可能となるような人材の確保、場合によっては人材育成が求められる。特に、医療に関する情報を分析・活用できる公衆衛生分野における人材育成が急務である。

五　患者参加の医療

1　患者が決める医療——インフォームド・コンセントの時代

患者が医療に参加していくために、患者に情報を与え、その情報に基づき患者が主体となってどのような医療を受けるかを決定していくという方法がある。この患者の決定は、インフォームド・コンセントという言葉で表現される。アメリカ発祥のこの言葉は、直訳すれば、情報を与えられ (informed)、同意する (consent) ことである。

過去の医療では、患者は自分の身体にどのような治療がなされるのか医師にお任せしてきた。これに対し、患者が医療行為の決定に参画することを明確にしたのがインフォームド・コンセントである。医師は患者に対し、医療行為の必要性や有用性、その副作用や他の治療方法について説明し、治療に関する患者の同意を得ることが要求される。一方的に提示されたものを理解し同意するということだけではなく、いくつかの選択肢のうち一つを選び、決定するということも含め、インフォームド・チョイスやインフォームド・デシジョンと言われることもある。

わが国では、平成九年の医療法改正において、医療者は「適切な説明を行い、医療を受ける者の理解を得るよう努めなければならない」(医療法第一条の四) と規定され、日本医師会が作成した『医の倫理綱領』においてもインフォームド・コンセントの重要性を何度も説いている。

今でこそ、医療倫理において当然の前提とされるインフォームド・コンセントであるが、このような考えは、従前のわが国の医療の常識からすれば、すぐに受け入れられたわけではなかった。例えば、医師からは、「三分診療という現実の中で十分な説明は無理だ」「説明しても理解できない患者が多い」「米国のように医師が自己防衛的になるだけだ」といった否定的な反応があったのである。お任せ医療に慣れた患者にとっても、自己の理解と主体性を求められる方法は、必ずしも歓迎ムードばかりではなかったかもしれない。

また、説明をしていないことが義務違反となるならば、医療者は、関連するすべての項目を列挙しようとし、勢い、手術同意書等に書き込まれる項目は膨大なものとなるであろう。しかし、紙に書いてあれば読むというわけではないし、目をとおしたとしても理解したとは限らない。海外旅行に行く前に保険に入ったことのある人は、その契約書の裏を思い出してほしい。細かい文字がぎっちりと紙面を埋めているだろう。提供側からの一方的な情報を端から端まできちんと目をとおし、理解している人がどれだけいるだろうか。インフォームド・コンセントが強調されることは、結局、形式的な情報の膨張を招き、大切なことは何一つ伝わらないということにもなりかねないのである。

患者の情報に対する要求水準や理解度は一律ではない。貪欲に情報を求め理解しようと努める人もいれば、医師におんぶに抱っこで進めたい人もいるであろう。医師は、すべての患者に対し一律に情報を提供していれば、義務を果たしたということにはならない。それぞれの患者がどのような医療と情報を欲しているかを知覚し、それぞれの要求や理解度に応じた説明が求められるのである。その意味で、どうすれば十分なインフォームド・コンセントがあったと言えるのかを考えることは難しい。

2　医療訴訟に見る患者の役割——同意から決定へ

わが国において、患者の同意が訴訟で問題となったケースは、昭和四〇年代頃から見られる。

例えば、乳腺症で右乳房の切除の同意をした手術で、まったく説明・同意のなかった左乳房の切除をも行った事件（東京地裁昭和四六・五・一九判決）、舌がんの切除手術で患者に潰瘍部分を少し切り取るだけであると告げた上で舌の三分の一を切除した事件（秋田地裁大曲支部昭和四八・三・二七判決）がある。また、平成に入ってからも、全身麻酔で意識のない患者（若い未婚女性）にかわって姉の承諾を得て子宮摘出を行った事件（広島地裁平成元・五・二九判決）がある。いずれも患者本人の承諾のないまま行われた手術は違法であるとして慰謝料が認められた。

さらに議論が進むと、説明が十分でなかったために患者の治療への決定・選択の機会が奪われたとして損害賠償を認める判決が見られるようになった。単なる手術への同意というだけではなく、どのような治療を行うかを選択することにも患者の決定が及ぶことを示している。

例えば、エホバの証人の信者であった患者が自らの信仰により無輸血手術を希望していたが、手術中危険な状態になったため承諾のないまま輸血手術が施されたという事件で、最高裁は、患者が宗教上、「輸血を伴う医療行為を拒否するとの明確な意思決定をする権利は、人格権の一内容として尊重されなければならない」。医師は「説明を怠ったことで手術を受けるか否かについて意思決定する権利を奪ったものといわざるを得ず、この点、患者の人格権を侵害した」とした（最高裁平成一二・二・二九判決）。

また、乳がんと診断された患者が乳房温存を希望していたが、被告医師により乳房切除術を受けた事件で、最高裁は「手術により乳房を失わせることは、患者に対し、身体的障害を来すのみならず、外観上の変ぼうによる精神面・心理面への著しい影響をもたらすのであって、患者自身の生き方や人生の根幹に関係する生活の質にもかかわるものである」「被上告人（被告医師）は、（中略）患者の乳がんについて乳房温存療法の適応可能性があること及び乳房温存療法を実施している医療機関の名称や所在を被上告人の知る範囲で明確に説明し、被上告人により胸筋温存乳房切除術を受けるか、あるいは乳房温存療法を実施している他の医療機関において同療法を受ける可能性を探るか、そのいずれの道を選ぶかについて熟慮し判断する機会を与えるべき義務があったというべきである」（最高裁平成一三・一一・二七判決）とした。

この事件が起きた平成三年当時、乳房温存療法は、必ずしも一般的な方法とまでは言えなかったようである。また、患者のがんの状態や転移の可能性など医学的判断によっては、切除術のほうが適切な場合もあるだろう。それでも、本件最高裁が医師の説明義務違反を認めたのは、医師は患者が重要だと考える事柄に耳を傾け、患者に様々な可能性を吟味する機会を与え、患者自身が納得して医療を選ぶことができる環境をつくることに尽力を注ぐべきだと考えたからである。特に本件では、患者は乳房温存に対する強い希望を持っており、このような患者の声に真摯に耳を傾ける医療者の姿が想定される。

いずれの判決も患者の強い希望を医師が知りながら、それとは異なる術式について医師が十分な説明なく行ったものである。行われた術式は、医学的に見れば必ずしも不適切なものではなかったが、それでも、説明をしなかったことを根拠に医師の責任は肯定されている。医師が十分にリスクを説明しても、患者が医師の判断とは異なる選択、例えば、無輸血手術の保証ができないなら手術は受けない、がんが転移してもあきらめるから温存療法にしてほしい、というのであれば、医師はその意思を尊重することもやむを得ないであろう。

3　医師の裁量と患者の自己決定

前述の最高裁判決では、患者は説明を受けた上でどのような医療を受けるかを決定することが認められている。この患者の内心に着目し、それを権利として捉えた場合には、自己決定権という言葉で表されることとなる。例えば、先のエホバの証人における東京高裁平成一〇・二・九判決は、「各個人が有する自己の人生のあり方（ライフスタイル）は自らが決定することができるという自己決定権に由来する」とする。このとき、医師の説明義務は、患者の自己決定をサポートするための手段として捉えられるのである。

しかし、患者が最終的な決定者であることが認められるとしても、一方で専門家である医師が、何が最善の治療であるかを決定するという医師の裁量も尊重されるべきである。先のエホバの証人事件についても、医師は患者の命を助けようと輸血を断行しており、医療技術だけを見れば適切な判断であっただろう。この医師の裁量と患者の自己決定が対立するとき、患者の自己決定が強調されることについては、ある種の危険もはらんでいる。

なぜなら、医師は専門家として素人たる患者に対し医学的に最善と思われる知識を提供し、判断を行うことが期待されるにもかかわらず、自己決定権を強調することは、その医師の専門的な判断を無にする可能性もあるからである。また、患者の自己決定権が強調されすぎると、医師は単に情報を与える人、患者は決定をなす人という完全な分業関係が形成され、両者の良好な相互関係は崩壊するおそれがある

（土屋二〇〇六、一三五頁）。また、患者の自己決定が不利益な結果をもたらした場合、患者が決めたことなのだから関係ない、という医療者からの言い訳に利用されるのは妥当ではないであろう。

患者の自己決定とは、医学的、専門的な決定事項もすべて患者に委ねようとするものではない。医学的、専門的な判断や、どの程度の説明をすべきかについて、医師の裁量に委ねられる部分もある。むしろ、説明義務や患者の自己決定が問題とされた事例では、医師と患者の間に十分なコミュニケーションがあったか、また、信頼関係を損ねるような行動はなかったか、という観点からの責任判断がなされているのである。

4　訴訟における説明義務

近年の医療訴訟を見ると、この患者の自己決定権や医師の説明義務に着目したものが大きな割合を占めるようになってきている。医療訴訟は年々増え続け、平成一六年度の全国の地方裁判所における医事関係訴訟事件の新受件数（新たに受理された件数）は一一〇七件であり、一〇年前の二倍を超えている（岡田二〇〇五、二頁）。この医療訴訟において、説明義務違反がかなりの割合で主張されているのは疑いのないところである。例えば、東京地裁と大阪地裁における平成一三年四月から平成一六年三月までの間に言い渡された医療訴訟の判決、全一三六件のうち五七件（比率にして約四二パーセント）の事案で説明義務違反の主張なされている（ケースファイル二〇〇四）。この背景には、患者の権利要求の高まりという以外にも、診療行為自体における過失を証明することが難しい一方、説明義務違反が比較的主張・立証しやすいという訴訟戦略的なものがあったとも考えられる。医療技術が高度、複雑になり訴訟における技術的な評価が困難となっている現代において、説明義務は非常に重要な地位を占めているのである。

5　患者が変える医療

さて、少し視点を変えて、患者の声が医療を変えていく例について考えてみよう。現在、各医療機関では患者アンケートやご意見箱のような患者満足度調査を実施し、患者が自己の医療機関をどのように捉えているかを知る機会を設けている。

現在、患者用投書箱は七割を超える病院で実施し、五割を超える病院で患者アンケート調査を取り入れている。また各医学会や医学雑誌を通じ、患者の満足を医療サービスにいかに取り込むべきか、の検討がなされている。これらの中には、患者が医療を適正に評価できるか、について懐疑的な姿勢を示すものもある。しかし、これらの意見も少なくとも、患者の視点を考えることの重要性を否定してはいない。さらに、医師へのアンケートでは、九割を超える医師が、患者の意見に耳を傾けるべきだと回答したとの調査結果もある（水野他一九九九、一三頁）。

さらにもっと具体的、かつ実体的に患者のクレームや願いを自己の医療機関の改革に役立てようとするものがある。

その取り組みの一つが「患者情報室」である。患者情報室とは、患者が自ら病気や怪我について調べたり、またそれを支援することを目的として病院内に設けられた部屋であるが、それ以外にも、患者の病気に対する疑問や医療スタッフへの不満についても気軽に相談できる窓口としての機能も果たしているようである。現在、全国一〇〇カ所ほどの医療機関で患者が情報を集めることができる環境を整備している。例えば、大阪の阪南中央病院の患者情報室「とまり木」は、病院の一階正面玄関横に設置される。多くの外来患者が通る場所という意味で病院内の一等地である。この患者情報室には、医療資格を持っていないスタッフが登用され、患者の目線で相談に乗ったり、一緒に必要な情報について調べることができる体制を確保する。さらに、この病院では、過去に当病院の医療事故被害者となった患者の家族を、患者情報室のスタッフとして採用するという驚くべき人材登用を行っている。

非医療者である患者の声を医療提供に生かそうという試みは、各地で行われているようである。東京都葛飾区の新葛飾病院では、医療安全対策室のセーフティーマネージャーに医療事故被害の経験を持つ患者家族を登用し、病院と患者の架け橋となっている。近年、検討されつつある医療ADR（裁判外紛争処理）のメディエーター（仲介者）としての役割も期待され、今後も非医療者が医療に参画していく体制は広がっている。

6　医療機関への経済的サポートの必要性

現在、特定機能病院、臨床研修病院には患者相談窓口の設置が義務付けられ、各自治体からは、患者の声相談窓口の機能を持った医療支援センターの設置が推進されている。このような取り組みにつき、すべての医療機関が当初から積極的であったかと言えば、必ずしもそうではない。例えば、平成一五年四月に厚生労働省が特定機能病院と臨床研修病院に患者相談窓口の設置を義務付けた際、その実質的な機能は不十分なところも多かったと指摘される（平成一六年三月五日厚生労働省、医療安全対策検討会議、辻本発言）。しかし、この結果を受けて、医療機関が結局患者の声などに興味がないのだと結論付けるべきだろうか。

病院内に勤務する人を患者相談の部署に配置するのであれば、その人が従前行ってきた仕事をその他の人が補わなければならない。新しく人を雇い入れるのであれば、新たに給料を支払わなければならない。病院の収入は診療報酬制度によって決定付けられており、人材登用の面でも診療報酬に左右されている部分も多い。このとき医療技術の提供そのものではない、相談業務や患者サポートといった人材に経済的支援が十分差し向けられていないという実態もある。医療の安全や質を確保するために重要なことであるならば、そのような分野に対する医療機関への経済的な支援も必要となるであろう。

六　賢き生活者として

従来、医療界は高度で専門化された特殊な社会であり、他者からの評価も、自己による評価すらも十分ではなかった。その背景には、医療行為の値段は、国が決定する診療報酬によって決定されるものであり、市場による評価には大きな関心を払わずにすんできたこともあると思われる。また、社会的なウケを狙うといった俗的なものとは一線を画することで、権威を維持してきたとも言えよう。

しかし近年、医療の安全や質が問題とされたことを契機に評価の仕組みが見直されている。外部からの、そして自己からの評価を繰り返すことで、よりよい組織へ変革していこうとの取り組みがなされる。患者が何を欲しているのか、その声に耳を傾け、訴えに応えようとしているのである。現在わが国では、医師約二七万人、看護師約一一〇万人（「平成一六年医療施設に従事する看護師数、及び医師数」日本看護協会統計資料室）に対し、患者の数はその潜在的可能性をも含めれば総人口一億二五〇〇万人がその対象となる。医療界における最大規模を誇る患者集団が、この医療参画の機会を逃す手はない。

では、患者は医療の中核を担う当事者としてどのように行動すべきであろうか。まず、お客様ではなく、患者という立場の当事者であるとの認識が必要である。

一面的な評価に踊らされることなく、評価されている評価軸の本質を見極める必要がある。また、自分に必要な医療をどこに求めるべきかを見極める必要がある。自分の症状では、どの規模の医療機関にかかるべきかを考え、それに適した規模の医療機関を受診することである。判断できなければ病院の医療連携室やソーシャルワーカーに積極的に意見を求めることもできる。大病院ならば大丈夫という大病院志向ではなく、地域で病院を支え、育てることも必要であろう。

また、医療政策や医療制度の行く末に関心を持つべきである。よい医療が安く受けられるのは国民の権利だとばかり、ただ漫然と医療を受診する時代ではない。高齢社会に向かって医療費が右肩上がりであることや、この医療費の増大に対応する形で患者負担率の増加が求められることも認識しなければならない。また、政治や医療行政が主導となって行おうとする改革が、地域のエゴではなく、国民全体としての利益であるのか見極める必要がある。

患者一人ひとりが、よい医療を実現するためのそれぞれの役割を自覚しなければならない。日本が世に誇る国民皆保険を崩壊させないためにも、あるべき日本の医療の道すじを見極め、制度を支える大きな柱となることが求められる。

最近、病院で患者のことを「患者様」と呼ぶという流れがあるようである。患者を大切にし、敬意を表すという意味なのだと思われる。ただ、患者様と呼ばれることと、いい病院であると感じることとは無関係であろう。患者はそれほど単純ではない。確かに、横柄で患者を見下すような医療者がいればそれは論外である。しかし、医療者に求めることは患者にへりくだることではない。患者と対等の関係を築き、患者の声に耳を傾けることである。賢き「患者さん」として、お医者さんを、看護師さんを、病院を大いに評価し、医療の世界に参加していこうではないか。

参考文献

一戸真子(一九九八)、「医療における医療評価システム」大原社会問題研究所雑誌四七七号、一九－四〇頁

岡田守晃(二〇〇五)、「裁判統計からみた医事関係訴訟事件を巡る最近の動向」『民事法情報』二二六号、二－七頁

木村彰(二〇〇五)、「患者向け病院評価情報のねらいと今後の展開」『病院』第六四巻一一号、九〇二－九〇五頁

土屋裕子(二〇〇六)、「医療訴訟にみる患者の自己決定権論の展開と展望－最高裁平成一七年九月八日判決を契機に」『ジュリスト』一三二三号、一三一－一三五頁

東京・大阪医療訴訟研究会編著(二〇〇四)、『医療訴訟ケースファイルVol・1』判例タイムズ社

水野智他(一九九九)、「患者満足度は医療の質の評価指標になりうるのか」『病院管理』三六・四号、一一－一九頁

第4章　投資家がつくる「市場」

――開かれた証券市場

松井　智予

「貯蓄から投資」へ。これは、二〇〇一年に経済財政諮問会議の作業部会が提出した報告書「株式市場の現状・改革の方策について」のスローガンである。個人の意識と行動を貯蓄者から投資家へ向け、「貯蓄優遇から投資優遇へ」政策を切り替えることが謳われている。だが、なぜ政府は、貯蓄を投資に振り向けることをあえて家計に推奨するのだろうか。日本の金融政策は、私たち家計の資産の将来像をどう描いているのだろうか。逆に、私たち個人の行動は、日本の金融の未来にどのように関わっていくことができるのだろうか。そして、そこにはどんな課題があるのだろうか。

一　貯蓄から投資へ？

1　巨大な家計？

一五三〇兆円。二〇〇六年末の家計金融資産残高は、過去最高を更新した。国民一人当たり一二〇〇万円を超える家計には、十分にリスク資産を保有するゆとりがありそうである。だが、これは日本銀行の「資金循環統計」という一つの統計上の数値であり、分類方法等の影響で他の統計とは大きく乖離している。総務省統計局の「家計調査」は、貯蓄現在高の分布は貯蓄額の低いほうへ偏っており、貯蓄残高が二〇〇〇万円以下の世帯が最も多いこと、比較的資産規模の大きな世帯はリタイア後の生活保障を重視する高齢者世帯に偏っていることを示している。また、金融広報中央委員会が行っている「家計の金融資産に関する世論調査」の二〇〇八年度集計は、世帯当たりの金融資産は一〇〇〇万円余で、その運用先は元本保証（三〇パーセント）と預入・引出の利便性（二三パーセント）重視で決まっているという。われわれの家計がこれらのデータが示すように小規模ならば、政府が投資促進策をとっても、リスクのある商品を購入する余裕のある国民は多くないかもしれない。バブル崩壊前には、銀行が高利子率を維持し、国民は投資先を考えずに貯蓄を行うことができた。そのような時代への回帰を望み、銀行の利子率上昇を政策課題とすべきだ、と考える国民も少なくないだろう。

このように、家計の規模についても様々なデータがあり、家計の望む金融政策についても様々な解釈が成り立つ。では、家計の動向・趨勢から情報を得ることはできるだろうか。総務省の国民経済計算は、可処分所得に占める貯蓄の割合を家計貯蓄率として示す。この数値は、一九七五年度の二三パーセントをピークに、二〇〇五年の三パーセントまで下がり続けてきた。米・英・加に見られる消費増加による貯蓄率の低下と異なり、日本では、国民可処分所得が減少する中で家賃など固定的な消費が抑えられないために貯蓄が減少してきている（ただし、平成一六年度以降は所得増加を消費が上回る形に反転した）。

もっとも、総務省の行っている家計調査の「黒字率」（家計貯蓄率に類似）は、一九八〇年代以降一九九八年まで上昇し、二〇〇五年時点でも勤労者世帯の黒字率は二五・三パーセント（平均貯蓄率は一六・一パーセント）と高い。すべての家庭が貯蓄（率）の減少を経験しているわけではなく、高齢者世帯は退職、団塊ジュニアの世代は住宅購入や結婚・出産といった正常な需要で貯蓄を取り崩しているに過ぎないのかもしれない。また、高齢化の進む独・仏などで貯蓄率の大幅な低下が必ずしも生じていない中で、日本の貯蓄率が下がってきたのには、高齢化以外にデフレ・低金利といった特殊事情があろう。これらの理由による貯蓄率の低下は、長期化しなければ深刻なものとはならない。さらに日本では、政府貯蓄が統計に及ぼす影響が大きいという特殊事情がある。ただ、高度経済成長を経験してきた世代には、日本の家計の配当収入が増加する一方で利子や賃金が減少し、貯蓄が取り崩されるというトレンドがあることは、それ自体衝撃的だろう。

高齢化により家計の収入・貯蓄の総額が頭打ちとなる中で、家計はどこに向かうのだろうか。高利回りの投資先を探すのだろうか。リスクを回避するために安全な資産形態に固執するのだろうか。資金循環統計によれば、日本の家計は、その金融資産の半分程度を今でも預貯金として保有しており、投資の割合はそれほど大きくない。だが、家計の流れは、定期預金の減少（二〇〇六年は増加傾向）と比較的低リスクの年金・投資信託の増加という着実な変化を示している。なかなか上がらない利子率が、資産が目減りして将来的に運用の選択肢が狭まることを強く警戒する家計の背中を押して、預金離れを加速させているのかもしれない。

2　「投資家」への背中を押す社会の状況

以上から、日本には退職金の有効活用先を求める裕福な中高年齢層と、リスクのとりにくい零細な多数の若年齢層とが存在し、家計の貯蓄率は全体としてみると増大しにくい構造にあることがわかる。では政府はなぜ、例えば零細な預金の安全性（一〇〇〇万円以下）を確保すると同時に銀行利子率を上げるという政策をとらず、家計に「貯蓄から投資へ」という厳しい判断を求めるのだろうか。実は、その裏には日本の産業構造自体の変化がある。

戦後、日本では恒常的な資本不足の中で、銀行が積極的に貸し出しを行う産業金融モデルが形成された。国民の預貯金は、銀行や郵便局に企業への融資・国債購入・財政投融資のための潤沢な資金を与え、企業や政府の活動原資となってきた。だが、潤沢すぎるほどの資金は、貸し出し競争を呼び起こし、貸出先企業の健全性チェックと選別の機能を失わせた。多くの銀行や住専がバブルで崩壊した理由の一つも、悪質な事業への安易な融資にある。また、現在ではキャッチアップは終了し競争は激化している。

競争力が低下して倒産する企業、利益のために違法行為に走って厳格な処分や莫大な損害賠償の対象となる企業が増えれば、融資のリスクは増大するだろう。さらに、キャッチアップを脱却するためには、新たな事業アイデアの創出と育成への資金供給が必要となるが、新規事業は失敗する確率が高い。

「金融システムと行政の将来ビジョン」という報告書は、企業に貸し出される資本のリスクとリターンは高まり、銀行が大量の預金に高利子・安全性を保証する仕組みには無理が生じているとする。銀行の仲介する資金の量が大幅に減らない限り、産業構造も健全にはならない。報告書は、事業に伴うリスク・チャンスは、銀行でなく市場、すなわち株式や債券等を購入する投資家が、価格メカニズムを通じて発見し、管理し、配分するべきだという。逆に、証券市場が監視や新規事業の発掘に応じて効率的に資金を供給できれば、企業も、競争力があって違法行為のおそれのない優良な事業運営を心がけることになるだろう。つまり、家計には、「今後、何が二一世紀の日本のリーディング産業になるのか不透明な状況下で、リスクマネーを効率的かつ積極的に供給し、日本企業の発展を金融面から支えていく」役割が期待されているのである。

報告書のメッセージの受け手は家計だけではない。日本の家計の資金供給が投資中心になっても、家計自体が細れば、資金の供給量が全体として増加することは保証できない。報告書は、企業に対して、必ずしも国内の貯蓄に依存せず、海外の資本にも市場を通じて積極的にアプローチしなくてはならないと告げている。企業や投資会社は、従前、顧客がライフサイクルに応じて預金を行った銀行口座から、無色の資金を調達してきた。だが今後は、業績の積極的な開示や収益性・安定性のアピールを進め、また顧客のライフサイクルに合った利回り・安全性・運用期間を持つ様々な金融商品・資金調達手段を提供していかねばならない。借入から証券発行へのトレンドの中でも現時点では低金利により融資が促進されているが、将来的には利回りが高まり、企業は効率的な業務体質への改善を迫られるだろう。借りすぎの解消・投資効率のよい事業への注力、銀行貸し出しの能力超過の解消（機能の分化）などは、すべて再び資本市場への依存度の上昇と企業間の競争激化につながっていく。

メッセージは、金融業にも向けられている。報告書は、「資本蓄積が進む限り、金融業は成長産業である」として、金融産業の育成も政策の大きな柱と位置付けている。特に資本市場整備については、「株式市場と債券市場の分断化状況や株式市場での取引所集中体制、とりわけ東証への過度の依存を是正するとともに、新たな証券化商品などを受け入れにくくしている現在の仕組みや慣行を徹底して見直すべき」との課題が掲げられている。日本国内で株式・債券等の商品が簡便かつ競争的環境で取り引きできるインフラの整備と同時に、日本の金融商品が海外の資金を引きつけ、日本の資金を求めて様々な企業やファンドが日本の市場を利用することが期待されているのである。

報告書は、「貯蓄から投資へ」という政策目標が、銀行を通じた金融が維持できないという判断に基づいていること、政策が家計の将来だけでなく日本の産業振興のためにも導入され、その名宛人が家計だけでないことを、教えてくれる。同報告書は、三つの政策目標に①利用者（第一義的には日本国民）の豊かさと利便性、②金融システムそのものの機能強化・発展、③日本の金融業の機能強化・発展という優先順位を与えている。高齢化社会における有利な運用の要望に応えるため、的確な情報・魅力ある多様な運用対象を個人に提供する。その過程で、全世界の貯蓄の約三割を占めるという日本国民の貯蓄が海外企業の上場誘致のテコに使われることはあるかもしれない。また、利便性・効率性を高め国民の日本市場の利用を維持する(同時に海外の資本を引きつける)ために、様々な政治資源や予算が割かれることもあろう。だが、金融業界の利益のために投資家の利益を犠牲にすることや、日本市場の利用を強制して運用先を制約することは、あってはならないというわけである。この報告書から、貯蓄と投資の振り分けの方向性について、家計に完全な決定権があるわけではないことがわかる。

3 「投資家」をサポートする諸制度

政府は、家計が簡便・安価に金融商品に接する機会を確保すると同時に、知識や経験の不足する新しい投資家が自らのニーズに合わない投資によって損失を被ることのないよう、「貯蓄から投資へ」の適切な舵取りを求められている。そこで、近年、預貯金や投資のリスクやリターンを明らかにし、金融商品の自由な開発と家計の投資を促進する諸制度、投資家の多様なニーズに応える諸制度、家計をハイリスクな投資から守る諸制度が整備されている。

家計は、純粋に受動的に、規制に保護されつつ利回りのよい商品を求めればいいだけのように見える。だが、家計は貯蓄・投資行動自体によって、商品や紛争予防・解決制度についてのニーズを発信し、一般企業や金融業の活動や構造を変えることができる。以下では、日本にどのような制度が導入され、どのような制度が不足しているのかを知り、家計の行動が社会に反映される仕組み――組織や過程――について考えていくことにしよう。

ところで、私たちが投資を行うに当たっての要望は、二つに分類できる。一つは、無駄な仲介プロセスの省略や手数料の抑制、必要な情報の簡単な入手など、投資過程でかかる費用の削減である。もう一つは、投資対象（株式や債券・金融商品）の収益性や、それらの発行企業の活動が自分のサポートしたいものかどうかを知るなどの、投資対象の規律である。

一方、投資促進の施策には、資金調達をする企業に関するもの（適切な活動・業績の開示、経営の内部管理の徹底、M＆Aや大株主に関する規律など）、資金を調達する場である市場に関するもの（相場操縦や利益相反取引等の不正の取り締まり、金融商品販売業者の健全性の監視など）、家計に関するもの（窓口や商品へのアクセシビリティの向上、紛争解決制度の整備など）の三つがある。市場や企業に関する規制の多くは、特に投資対象（株式や債券）の価格形成を規律している。これは非常に面白い問題だが、紙幅の関係もあり、ここでは主に、投資商品を購入する家計と直接に関係する政策について見ていくことにしよう。

なお、ＣＳＲ（企業の社会的責任）に関する政策は、企業に関するものではあるが、リターンには必ずしも連動しない企業の社会的貢献度を市場に発信し、資金調達力に還元する仕組みを考える点で、単に需給を反映する価格や、法令遵守状況や収益性などの客観的な情報に関する規制とは少し違う議論が必要である。

企業に投資する社会的責任投資（ＳＲＩ）をめぐっては、企業の遵法性の高さはリスク管理の徹底、顧客や労働者などの重視は戦略の明瞭さ、人材の活用や顧客満足水準の高さを示し、好リターンや不祥事による予想外の損失の防止につながることがあるとされている。

だが、ＣＳＲに属するとされる企業活動は、遵法（違法な利益追求をせず、社会の信頼確保に努める）・慈善（利益を社会に還元する）・経営戦略（自社に強い影響力を持つ関係者を洗い出し、その満足に努める）の三つの方向性を持ち、どれが強調されるかは場面や論者によって異なる。したがって、ＳＲＩの利点もどれが強調されるかは場合により変わってくるし、私たちが買うＳＲＩファンドは、人権や健康等に悪影響を及ぼす投資を抑制する投資、環境に配慮したり地域の発展に尽くしている企業への積極投資をするだけでなく、投資リターンも考慮して割安銘柄のみを選定したり、ＣＳＲ色のそれほど強くない商品との組み合わせも行っていることがある。

企業活動を通じた社会のサポートについて第6章が置かれていることもあり、ここでは投資家の視点からするＣＳＲの議論も、ひとまず脇に置くことにする。

二　金融商品と付き合いやすくするために

金融商品の購入時・保有時や、事後的に紛争が発生したときに、費やされる時間や手間は、金融商品の取引に伴う「取引費用」と呼ばれる。この取引費用を減らさなければ、金融商品は身近にならない。以下では、ニーズに合った商品を簡便に購入できること、不適切な商品を購入してしまったときに、迅速・有効な救済が得られること、に焦点を当てて、費用を低減する方法について考えてみよう。

1　利便性のコストの可視化

従来無料だった銀行サービス。それが、有料になった場面に出合うことがある。例えば、様々な振込みのために少額の口座をたくさん持っていると、口座維持手数料と呼ばれる料金を徴収される場合がある。小さな支店は統合され、様々な銀行が相乗りしているコンビニATM、オンラインでの口座振替・記録のウェブ管理によって、銀行員の応対や通帳発行は省略された。コンビニATMは「いつでもどこでも」を実現したが、同時に利用料や時間外手数料の負担が改めて意識され、預入金額に応じた無料化は大きな顧客獲得戦略となった。さらに、「ペイオフ」解禁によって、破綻時の預金の保護に上限がつけられることになった。

預金利率の自由化以来、銀行には多様な競争のインセンティブが生まれた。手数料の導入はその一環であり、今まで私たちが気づかずに享受してきた銀行の利便性のコストを可視化する（冒頭の報告書は「公共性のルール化」と呼ぶ）効果を持っている。

銀行は、預金を運用して増やす役割と、簡便な決済や送金を実現する役割とを同時に担っている。簡便な送金は、送金元・送金先がともに銀行口座を持っていて、各銀行をつなぐ統一的なシステムがある社会で初めて成立する。口座を開ける銀行窓口が私たちの身近にあることは、社会全体にとって重要な利益と言える。その利便性を守るためにも、銀行には破綻に対する様々な保護制度が用意されている。手軽な決済のためには、少額の口座をたくさん持っていたほうがよい。だが、大量の小口口座は、記録・

管理の費用や支店・ＡＴＭ維持費用を押し上げる。「公共」に利用が開かれるべき決済システムを、必要以上に分散化した口座が濫用し、そのツケが預金の運用から得られる銀行の収益ひいては利子率に回れば、貯蓄目的の利用者がコストを負担することになる。一方で、大口預金者は、決済制度の安定的運営のために用意されてきた破綻回避・処理制度の安心感を、決して決済に使うことのない自分の多額の預金の保護に利用してきた。これでは、銀行の資産運用力を顧客が正確に認識し、投資と比較することはできない。冒頭の変化は、少額口座には手数料によって、大口預金者には預金保険のキャップ（金利の上限）を設定することによって、今まで意識されていなかった「公共性」の費用を負担してもらう試みだと言える。

2　身の回りに増えた金融商品

比較対象である金融商品、特に頻繁に取り引きされる株式の取引手数料が、自由化によって大きく値下がりしたことは、誰の目にも明らかだろう。小口株式取引をターゲットとするオンライン証券会社の参入が誘発され、競争の激化で、二〇〇六年度の売買代金に対する手数料率（平均〇・〇六パーセント程度）は四年前の半分以下になった（日経二〇〇七年（以下、下二ケタを記す）五月二二日付夕刊）。手数料率の著しい低下が投資家を引きつけ、それがさらなる値下げを呼んでいる。

また、投資信託や保険を銀行で買えるようになった。銀行は、決済を簡便にするために、証券会社や保険会社と比較にならないほど網羅的に支店を配置し、顧客を獲得してきた。また、金融に関する知識を持つ従業員もいるため、金融商品購入の経験が浅く、対面で問い合わせや購入相談をしようとする利用者には安心感がある。現に、既存の大手銀行の窓口の販売効率は非常に高い。個人向け投信の販売残高・販売額はともに急増・最高額更新を続けている（日経〇七年五月一日）。証券会社で販売経験のある人材の採用や商品・窓口の充実を積極的に進めた銀行は、大きく売り上げを伸ばしているという。郵便局が網羅的な配置を生かして簡保販売を伸ばしたように、銀行は、投資信託や証券総合口座で存在感を増している。規制緩和は、既存の社会インフラである銀行窓口の投資商品販売への活用を可能にしたと言える。

ただし、新サービスの急激な伸びは、不適切な投信販売事例（日経〇七年六月一二日）やサービスの行き届かない面を引き起こす。これは、銀行にとっても、銀行と向き合う官庁や私たちにとっても、重要な今後の課題と言える。

３　欲しい金融商品を売ってもらう

金融商品に触れる機会が増えたということは、リスクにさらされる機会が増えたということでもある。窓口が増えただけでなく、新しい金融商品も次々と開発されている。法の整備により、今まで採算がとれなかったスキームを用いた金融商品が市場に出るようになり、証券取引所の国際的提携によって海外の指数に連動した金融商品なども取り扱われ始めている。

このような中で、投資経験のない家計は、特定の商品や自社の利益に偏らず、商品横断的な豊富な知識、強引な売り込みでなく利用者のライフスタイルや理解力に合わせた必要十分なアドバイスを求めるだろう。だが、安価・簡便な投資と、商品横断的で個別ニーズに合わせた投資家サポートとを両立することは、難しい。商品が急速に多様化する日本で、家計が一斉に投資を始め、政府が無料で投資相談のできる公営センターをつくったとしよう。センターには長蛇の列ができ、アドバイスを受けられない人、投資の機会を逃す人が現れるだろう。アドバイザーは新規の商品の知識吸収が追いつかず、不適切な助言をして責任を追及されるかもしれない。国民全員が常に高水準・安価な治療を受けられる医療システムを維持するための社会的な負担は重い。同様に、全国民が、安価に投資の事前相談ができ、専門家の意見に依存できるような制度は、とても費用のかかる制度になるだろう。保険という社会保障制度のある医療と異なり、金融商品の選択アドバイスや販売の際の説明といったサービスは商業ベースで提供されてきた。商業ベースであるために商品開発や販売に活力と効率性が生まれ、投資を行わない人間は費用を負担せずにすむのだと言える。

だが、販売業者は活動について採算をとらねばならない。そのため、規制がなければ商品のよい面だけをアピールしたり、自社に旨味のある特定の商品を薦めるかもしれない。また、一部の顧客を優遇し、ほかの客は敬遠したり、高い手数料を請求したりするかもしれない。しかも、ビジネスベースでのサービス供給の利点を生かすために、規制には限界が生ずる。第一に、単なる上意下達式の規制立法でないため、規制が一部の販売業者に競争上有利とならないよう、立法過程で細かい折衝が必要になる。第二に、供給者が撤退しない規制レベルを考えなくてはならない。例えば、金融商品をめぐるトラブルを防ぐために銀行・証券・保険会社の販売時の責任を強化すれば、手数料が競争的な中で負担が上昇することになり、販売窓口は消滅する。責任を強めたまま商品の取り扱いを強制すれば、競争力は失われ、手数料は上がるだろう。第三に、金融商品を組成した業者Ａと販売する業者Ｂの責任分担も、商品販売に大きな影響を与える。Ａの金融商品のリスクに対するＢの不信、Ｂの販売行動に対するＡの不信が、金融商品販売のリスクの過大評価につながるからである。

これらの問題を、保険商品の銀行窓販を例に見てみよう。二〇〇五年前後、窓口販売（以下、窓販）解禁の立法は保険業界の強い反対に遭った。銀行窓口での投資信託の取り扱いは販売効率が高く、銀行が積極的に参入した。しかし保険業界には多くの販売員・販売店を抱えて人員・店舗整理の難しい企業が存在する。こうした大手にとって、窓販は、販売網の競合・販売員維持の障害となる。外資系の強い変額年金等では窓販が先行して解禁され、競争上の不利が顕在化していたとも言われ、国内大手は制度の導入に消極的だった（読売〇五年二月二三日）。このように、単なる規制緩和が新規企業の参入や消費者に優しい商品の供給につながる保証はない。

第二の問題の例として、一時期問題とされた、変額年金に関する銀行での不適切な説明が挙げられよう。当時、銀行の支店ごとに、法令遵守の責任者を置くといった取り組みがなされた。だが、締め付け過ぎれば販売に旨味はなくなり、業者は撤退し、金融商品を販売できる窓口が制度上増えても利便性は上昇しない。最後の問題の例として、保険の銀行窓販をめぐる銀行と保険業界の間の相互不信が指摘できる。保険会社は、銀行が強い立場を利用して融資先の中小企業などに保険を売りつけることを懸念し、その経営者や従業員向け販売の制限を求めた(読売〇五年一一月一五日)。これは、銀行にとって参入の魅力を失わせることにつながる。

逆に、二〇〇七年には保険業界で巨額の保険金不払いがあることが発覚し、予想外のリスクの存在に銀行の保険業界に対する不信感が高まった。販売に際して必要な保険の内容の説明水準、説明がなかった場合の責任の内容などについて、厳格な再検討が必要となり、銀行は、不払いの多かった自動車保険・医療保険などの販売に消極的になっていると言われる。制度上保険商品の窓販が完全解禁されても、押し付け販売・不払いといった双方のトラブルに対する不信感は、保険商品の取り扱いにマイナスとなる(現実には、その後窓販の導入スケジュールは変更しないことが確認され、一二月解禁を睨んで参入が進んでいる(日経〇七年九月一二日))。

4 ニーズを市場に明確に伝えることの意味

こうして見ると、実務に任せた金融商品供給は課題だらけな上、規制も難しいように見える。だが実は、顧客の持っているニーズを市場に明確に伝えることで解決される問題も多い。

顧客は、どのような金融商品を買うかの選択権を持っている。販売業者に利益をもたらす投信や株式が推奨されやすい社会であっても、多くの顧客が自ら主導権を握って適切なリスク・リターンの商品の購入を希望すれば、その商品の取り扱いは増えていくだろう。また、顧客が本当に自分に必要な情報をきちんと聞き出せていれば、販売業者も事後的な責任に過敏になる必要がなくなる。売りつけられる商品に不安を抱いて大掛かりな規制を求めるのでなく、知識を持ち、商品や販売手法について明確なニーズを発信できれば、それに沿う金融商品や販売手法が普及した社会ができるはずである。金融産業へ働きかける「回路」を動かすために、私たちはまず賢く行動しなくてはならない。

もっとも、今まで企業や投資サービス会社に伝わっていなかった小規模な個々の家計の声を、株式等を発行している企業や、それを商品に組成して販売する金融サービス業界にどうやって効率的に汲み上げさせるのか、という疑問がわくかもしれない。しばしば、投資家には「集団行動」問題、「フリーライド」問題があると言われる。前者は、一人ひとりにとって少額に過ぎない投資について、投資家は企業や販売会社にメッセージを発信する手間のほうを惜しむため、全体としてみれば多額の投資であっても、それに重要な利益関心を持つ者がいなくなるという問題である。後者は、誰かが投資対象の企業や金融業者に投資家としての意向を伝え、業績や手数料体系について監視の役目を担ってくれた場合、放っておいても将来よりよい状態が実現するので、皆が他人に期待して自分は何もしないという問題である。最初に述べたように、日本の家計の規模、その貯蓄・投資行動に対する理解は、一様でない。家計が大きく、投資の割合が少ないなら、前述の問題は起きやすい。だが、家計が小さく、あるいは投資が家計に占める割合が増えていけば、個々の家計にとって投資はもはや少額ではなくなり、フリーライドがうまく働かなかった場合の損失も増大するため、こうした行動は減っていくはずである。

投資対象に関するニーズは、金融商品の価格を通じて伝達される。例えば、株主が企業の業績を正しく理解し、株価に反映させることは、企業の規律に絶大な力を持つ。価格コントロール力は、圧倒的に多額の投資をしている年金などのファンドにあるかもしれないが、年金などの大きなファンドによる株式保有が中心のアメリカと違い、日本では現在のところ個人株主のプレゼンスも大きい。また、株主としての個人投資家の行動も、会社に大きなインパクトを与える。オンラインでの株式取引と個人株主・外国のファンドの増加に伴い、近年、企業の株主総会は、出席者・株主提案ともに、急速に活性化しており、企業は個人株主の動向に神経をとがらせている。投資信託についても同様に、商品購入を通じて顧客はメッセージを発信することができる。投資信託の投資ストラテジーは、顧客の購入に重要な要素であるから、強制的・自発的に顧客に対して開示される。特に前述したSRIでは、生産者を搾取していないコーヒーや、日本の森に優しい木材を使った家といったように、人権や地域社会に配慮した産業への投資がなされ、その内容を知って積極的に購入することは、企業に対する強いメッセージ性を持つ。個々の投資は大きな声になりにくいが、年金運用などで選択肢が増えるに従い伝わりやすくなっていくと予想される。

投資商品の購入や取引のしやすさ、手数料の安さ等へのニーズも、地域金融機関の預金者向けサービスの満足度についての金融庁聞き取り調査などの公式な経路だけでなく、商品購入を通じても伝達される。顧客のニーズは、規制官庁や販売業者自身が行っている顧客満足のための努力をフルに活用することでより明確に伝わる。社団法人投資信託協会が整備したホームページでは、販売会社横断的に手数料や基準価格等を一覧できる。そのほかにも基準価額・純資産総額・騰落率・手数料などから投資信託を比較できるサイトが商業ベースで自発的に構築され、顧客の検討を促している。

ただ、経験の少ない顧客が多くの商品にさらされれば、安全でない業者の商品に目がとどまることもあるし、些細な費用に目をとられてほかの費用への目配りを忘れることもあるだろう。金融庁は、後述する金融商品取引法（以下、金商法）の施行に先行して販売時の顧客ニーズの確認手続きを整備し（日経〇七年六月九日）、漫然とした購入をしないように顧客に注意を促す体制を整える。

どんな購入が問題なのだろうか。例えば、経験の少ない顧客が投資信託等を購入しようとしたとする。彼らは購入時の費用に敏感なため、販売手数料の引き下げ競争が起こり、インターネット経由での販売によって、投資信託の販売手数料を無料化することに力を入れる証券会社や地方銀行が現れる。だが、投資信託は組成・維持に多くの費用がかかる商品であり、その大部分は「信託報酬」として徴収される。信託報酬とは、信託をつくり運用を信託銀行に任せた投信会社に対する委託者報酬（その半分程度は代行手数料として販売会社に還流する）と、信託銀行に対する受託者報酬、そして書類作成費用などの経費をまかなうもので、運用期間中継続的に信託財産から差し引かれる。

販売会社である証券会社は、株式取引の手数料や投信の販売手数料などの一時的な収入が競争で目減りするのに伴い、収益のより多くの部分を信託報酬等の安定的な代行手数料収入に依存するようになってきている。しかし、信託報酬の安い商品を積極的に販売したり、運用時に生じる有価証券の売買手数料や決算時の監査報酬などの費用について、顧客に注意喚起したりする積極的動機はない。現在、信託報酬は持続的に上昇している（日経〇七年五月九日）。手数料が高い投資信託は、しばしば市場でリスクを測りにくい投資対象、例えば新興国株式などを組み込んでいる。経験の少ない顧客が販売手数料の安い商品をオンラインで購入し、窓口で投資信託の組成や安全性について質問したりライフスタイルとの適合性を検討する手順を飛ばせば、紛争の火種となりかねない。

現在の政府の取り組みは、個々の家計がこういった問題の存在を知り、業者との検討や相談で全体的な費用や自分が重視する費用についてはっきり伝え、様々な商品を正しく比較できるように助けるためのものだと言える。

三　トラブル発生！　そのとき慌てないために

そうは言っても、自分のニーズに合わない商品を業者の不適切な説明により誤認して買ってしまったり、商品自体が詐欺的だったりした場合もあるだろう。金融商品に関わる紛争は、決して少なくない。紛争は、まず商品を購入した業者への相談や苦情、次に業者の所属する業界団体や国民生活センターなどへの相談や苦情、最後に訴訟となって現れる。

国民生活センターの公開する「消費生活相談データベース」の二〇〇六年の相談件数をのぞいてみよう。金融関係の相談件数は全部で約一七万件で、そのうち一三万件近くは、サラ金を含む融資関係の相談だが、それでも預貯金・証券は一万二〇〇〇件（うち株式五五〇〇、投信九五七）、生保は一万三〇〇〇件、損保は八〇〇〇件の相談件数を示している。なお、「金融関係」となっていないが、商品取引（金など）も通常の株式取引に匹敵する数の相談（五〇〇〇件）を誘発している。

一方、業界団体の苦情処理統計は、相談が単なる問い合わせか、紛争をはらんだ苦情かの目安を与えてくれる。全国銀行協会の擁する銀行とりひき相談所では、平成一七年の相談・照会は一万一六七六、苦情・要望は一二〇、法的な紛争に至ったものはゼロであった。日本証券業協会の証券・あっせん相談センターでは、平成一八年度の質問・意見等相談は七四五一、苦情は八七七、紛争（斡旋）は一二六、日本商品先物取引協会の相談センターでは、問い合わせ三九〇四、苦情一七一、紛争一八〇（斡旋一四〇、調停四〇）となっている。

確実なことは言えないが、リスクの高い取引ほど取引数当たりの紛争の割合、および「質問」に比した「苦情・紛争」の割合が高く、家計がリスクの高い商品に触れるほど、紛争は増える可能性がある。では、どのような制度があれば、私たちは簡便・迅速な救済を受けられるだろうか。救済が受けられる社会は、どのようにしてつくっていけばよいのだろうか。

紛争には二つのタイプがある。

まず、業界団体などに組織され、捕捉しやすい業者の起こす紛争に対しては、責任法制の整備が効果的である。法律と取引費用とは密接な関係を持っている。市場を利用して国民にサービスを届ける仕組みを法律でサポートする際には、安全性と投資機会へのアクセスのバランスをとらなくてはならない。販売時の説明不足に関する損害賠償の額が低すぎれば、業者は従業員教育を怠るかもしれない。だが、説明しても業者が負けるルールや高額すぎる賠償額を設定すれば、業者は最初から説明を放棄して紛争が起きればさっさと倒産したり、利益を上げやすい顧客に集中して販売を縮小したりするかもしれない。

そこで、損害賠償額の適切な設定、無責任な業者の排除、責任を軽減できる明瞭な説明水準の提示などが必要となる。また、効果的な損害賠償額は違反が探知・証明される確率に連動して決まるので、資料保存制度、行政庁や業者相互の監視制度の整備も重要である。

次に、登録や団体加入をしていない業者が関係し、政府や業界団体による把握・規律・違法行為の探知が困難な紛争については、まったく別のアプローチが必要である。最初から紛争に際して所在をくらませること等を見込んでいる業者は、法がどんな損害賠償義務を定めても限られた費用しか負担しない。そういった業者は説明や責任のコストを勘案せずに危険な商品を販売し、多くの消費者を巻き込むことになりやすく、その被害額は、大規模に販売される商品に劣らないものとなる。こうした紛争に対しては、業者の組織化や、監視の実効化と同時に、悪質な商品が売れにくいような社会の仕組みを考える必要がある。

業者の服する責任や組織的監視の制度について知っておくことは、「欲しい商品を安心して買う」ためだけでなく、「トラブルを防ぐ」ためにも役に立つ。以下では、その概要を紹介することにしよう。

1　安心できる説明

平成一二年に、金融商品の販売等に関する法律（金融商品販売法）が制定された。この法律は、業者が預金・保険・有価証券等の金融商品を売るときに顧客に説明すべき事項を定めている。その事項の説明なくして売られた金融商品が元本割れすれば、欠損額は損害額と推定され、業者に賠償責任が生じる。

この制度は、説明事項を明快に示すとともにその遵守を責任制度の側からも促すもので、消費者は、一般的な民法の損害賠償より手厚い保護を受けることになった。

この制度は、後述する平成一八年の金融商品取引法の成立に際して改正され、「元本に欠損が生じるおそれ」だけでなく「当初元本を上回る損失」が生じうることや、「取引の仕組みのうち重要な部分」なども説明事項に加えられた。また、業務運営のあり方として、適合性の原則の考え方が取り込まれ、顧客の知識・経験・財産の状況および契約締結の目的に照らして当該顧客に理解されるために必要な方法・程度による勧誘を行うことも盛り込まれた。前述した顧客ニーズの確認手続きの整備は、この改正を受けたものである。

適合性原則は、判例によって発達してきた考え方である。変額保険やワラント（新株予約権）など、高リスク商品が一般の消費者に広がり始めた時期に、経験や理解力の点からそもそも一定の高リスク商品を保有するに適しない顧客がおり、そのような者にはいかに説明を尽くそうが、それらの商品を売ってはならず、それに反した取引は無効とすべきだという原則が生まれた。適合性原則は消費者保護には有効だが、業者は金融商品の性質だけでなく顧客の性質をも見極めなくてはならず、実務の蓄積がないまま安易に拡張すれば定型的な行動基準が失われるおそれがある。判例を受けた初期の議論は、商品の販売、対象者への勧誘が難しくなることも考慮して、適合性原則違反に該当するカテゴリーは狭く解するべきとしてきた。

だが、判例が蓄積するに従って適合性原則の適用基準は緩やかになり、それほどリスクの高くない商品も保護対象となりうると考えられるに至った。平成一八年の改正は、こうした議論の蓄積を見ながら、無効原因としてではなく説明義務(損害賠償)の一部分として法理を法律に取り込んだと考えられる。

こうした法の内容を私たちが知り、活用するほど、事業者の遵法性は高まり、販売時の説明は手厚くなるだろう。適合性原則を見ると、一見、知識のない顧客がより手厚い保護が得られそうにも思われる。だが、取引は常に紛争で終わるわけではない。未経験のまま業者を信頼して取引を開始することより、正しい知識を持って適切な商品を選ぶことで得られる利益のほうが大きいことは、理解しておかなくてはならない。

2 安心できる業者・安心できる商品

損害賠償責任が守られなければ、金融商品販売のルールは遵守されない。説明義務を遵守させるためには、業者の所在が確実で、公私の監視が行き届き、責任が追求しやすいほうがよい。法制度は、トラブル予防の一環として、登録や業界団体への所属の情報を業者から顧客に提供させている。

平成一八年六月七日に、証券取引法その他の法律は改組統合され「金融商品取引法」(以下、金商法)へと生まれ変わった。金融庁は同法の平易な解説を発表している。金商法は、①投資性の強い金融商品を網羅的に対象とし、それを扱う業者をすべて金融商品取引業者として定義し、②業務内容ごとに参入規制・行為規制を行い、③一方で購入者についても行為規制違反の責任水準の違う二つのカテゴリーをつくっている。③は、知識・経験・財産がある、機関投資家・特定法人・自発的に申し出た一般/個人投資家からなる「プロ」と、一般の法人・個人投資家からなる「アマ」とで、行為規制の適用を変えるというものである。①によって販売に際して登録の必要な商品が増え、②によって業者の活動がより細かく登録対象となり、行政の監督に服することになった。

規制対象商品と規制業者の双方を拡大したのは、新規の金融商品がつくられたときに規制に「隙間」を生じさせないためである。有価「証券」概念は、「券面」を離れて信託受益権や集団投資スキームの持分など、利益を得られる投資の仕組み全般に広がった。応じて規制される業者も拡大した。証券取引法が規制してきた「販売・勧誘」業務に従事する業者の範囲は拡大したし、今まで他法で縦割りに規制され、場合によっては認可制だった「投資助言」「投資運用」「顧客資産の管理」業務も、「金融商品取引業」の一部として同法の登録制度の対象となった。

業務別に登録制度をつくり直したため、金融商品取引業者が業務を拡張し、他の業務に参入する場合は変更登録をし、登録拒否要件に反しないことを証明する必要ができた。また、業務ごとに行為規制が定められて義務内容が明確化し、監督しやすくなった。

「販売・勧誘」業には、定型的な行為規制がかかる。業者は広告、契約締結に先立って交付する書面、および締結時の書面のいずれにも、自らが金商法の下で規制され責任を負う金融商品取引業者等であること、それを確認するための登録番号等を表示しなくてはならない。規制対象者である以上、業者は書面に、商品の内容、元本割れや損失が保証金等を上回るおそれなど、一定の事項を記載せねばならないし、虚偽の事実や断定的な判断は、書面に限らず勧誘の過程でしてはならない。また、金融先物取引などのハイリスク商品については、顧客が要請しないのに行う投資の勧誘、不要だと意思表示したのに行う再勧誘なども禁止される。もっとも、大部分の家計にとって、この禁止による勧誘減少の効果はほとんど実感されないだろう。証券外務員の勧誘に応じて始まった受動的な取引は、特定の証券会社へのロックイン(囲い込みによる固定化)や、より危険・頻繁な取引へのシフトといった問題につながりやすいが、投資を開始する重要な端緒でもあるため、勧誘禁止は限定的に規定されているからである。

また、「投資助言」「投資運用」「顧客資産の管理」業務にも、同様の登録制度が存在する。ただ、これらの業務は、顧客の投資判断や生活設計など長いタイムスパンを持つ判断に継続的に関わるため、定型的な開示規制より、「投資助言」や「投資運用」に際して自己や他の顧客の利益を優先させない忠実義務や善良な管理者として適切な注意を持って行動する善管注意義務、「顧客資産の管理」業務に際しての善管注意義務や顧客資産を別勘定・別口座で運用する分別管理義務といった、より抽象的な行動指針の比重が高くなっている。

金商法は、投資家の保護の必要性に即した監督を目指すとともに、行政的な情報の開示を通じて、顧客に金融取引業者の出自と行動基準について知らせているわけである。

金融商品を包括的に定義したことで、金融庁は、取引の歴史が浅く消費者保護ルールも確立していない「隙間」商品や、これらを扱う背景のはっきりしない業者も、監督しなくてはならなくなった。一方で、登録内容の分割により、商品の販売・勧誘、あるいは運用や助言に特化したい業者は、不要な要件を満たさずに参入可能となり、業者を監督するコストは高まった。将来的には、登録業者というだけでは安全性は担保されなくなるかもしれない。だが、小さな政府が志向される中、監督行政の拡大には限度がある。そこで、こういった小さな業者を自主規制団体が吸収し相互監視してくれることが望まれ、団体加入の有無が業者の信頼性確保に意味を持ってくることになる。

業界団体は、会員である企業により運営され、その費用負担で賄われる。業界の収益構造や慣行等を知っている同業他社は、実効的な監視ができるし、会社が悪質な販売で不正に利益を上げていないかをチェックする動機も持っている。また、業界団体は、そのほかにも様々な役割を果たしうる。第一に、ホームページで商品の紹介や参加業者の業績の開示を行う場合、それらは顧客と業者の双方に向けた情報提供となり、競争や顧客ニーズに応えた商品提供を促進する。次に、不払いや不適切な勧誘・説明など、各金融商品には特定のタイプの苦情が発生しやすく、課題には業界ごとに共通項が多い。そのため、苦情受付の規則をつくったり、個別の問題の対処・予防を検討するには、業界団体による自治的な監視のシステムが適している。例えば、二〇〇五年に発生した保険金不払いについては、行政庁は、業務改善命令を出した後、その改善状況を確認して適切な対応を確保した。だが、同時に業界レベルで業務報告によって全社の苦情を集め、フィードバックする（損害保険協会）、苦情相談対応態勢の強化（生命保険協会）等による参加者に自覚喚起が行われ、予防・改善に効果を発揮したと考えられている。

第三に、紛争に際して窓口となり、中立的な立場を生かした解決の斡旋ができると同時に、それぞれの業者に生じた紛争を把握しほかの業者に知らせ、対策を周知徹底することができる。業界団体は多くの業界で組織されているが、組織率は必ずしも高くない。これに対して、金融・証券業界は、業務が登録制（古くは認可制）だったために業者の数は限られ、業界団体の組織率は高く、業界ごとの苦情受付窓口も整備されている。前に言及した各団体のほかにも、生命保険相談所と裁定審査会、あるいは投資信託協会や日本証券投資顧問業協会の苦情相談窓口などが存在する。組織的対応の有無は、紛争件数に影響するだろう。国民生活センターには、食中毒やガス漏れなど衛生や安全性に関する事故から、不動産トラブルまで、様々な相談が持ち込まれる。二〇〇六年度の件数を見ると、価格の高い紛争と思われる不動産が三万件、車関係二万件に比して、借家やアパートを含むレンタル・リースの相談は五万件となっている。また、食品関係の相談は二万件あまりなのに対して、運輸・通信に関する相談は二一万件もあり、インターネット等の業者を含むカテゴリーに一八万五〇〇〇件が集中する。乱暴な推論だが、相談の多さは価格や事故の重大性より、発生頻度や損害額に見合った安価な相談窓口の有無を反映している可能性はないだろうか。

最後に、一つの窓口で金融サービスが受けられるよう改革が進めば、業界団体は、複数の業界にまたがる苦情や紛争における斡旋や調整の窓口、紛争予防のための研修・人事交流制度のコーディネート役として、業界間の連絡に役立つだろう。例えば、変額年金の銀行窓販に関するトラブルについては、生命保険協会が問題の所在と原因を分析し、場合により直接個別の会社に対して意見を申し入れ、全銀協が各銀行へ注意喚起の通知を行い、先進的な取り組み事例を各銀行に通知した。また、生命保険会社が銀行に対して、全国の銀行支店に出向いて募集に関する営業研修を行った。これにより、生命保険協会・全銀協の双方の協会の受け付ける苦情は、平成一七年度下期には沈静化したと言われる。

現在は、ほとんどの金融業者が主要な業界団体に加入しているため、団体主導の苦情対応や紛争処理、危険な商品の取り扱いの予防といった制度の有用性は認識されにくいが、独立した金融業者の活動が増えれば、これらが安全な商品供給に果たす役割が再評価されてくるかもしれない。

ただ、様々な面で効果を期待できる業界団体にも、活動に限界はある。例えば、説明義務の履行状況について詳細に監査し制裁を与えたり、業界団体の苦情・相談受付について業者に広報を求めたりするには、団体自身に相応の社会的な重みや財源が必要である。そして団体が、財政的補助を受けず、任意設立・任意加入・自己規律を貫きつつ、なお強い発言力と監督の維持を可能とするために、規制の側にも様々な制約が発生する。

まず、規制に応じた団体の再編を法で簡単に命ずるわけにいかない。金商法は、独自の性質を持つ銀行や保険業務については、それぞれ銀行法・保険業法の下での協会組織を維持し、それ以外のリスクのある商品に関する一般法として、金融商品取引業を営む業者の組織する自主規制機関を用意した。だが、従来から法律上根拠のある証券業協会など（認可協会）には手をつけにくいため、包括的な自主規制団体は想定されず、別に、新たに金商法の対象範囲に入ってくる様々な商品を取り扱う金融商品取引業者が設立する可能性のある、特定の法律に根拠を持たない自主規制組織（公益法人協会）が規定された。だが、認可協会でさえ設立を強制されておらず、加入も任意であるため、法の側からは新規業者の組織化を強制しにくく、結局業者を網羅する自主規制団体を法定できていない。

第二に、業界団体に、監視すべき加入者を増やしたり紛争処理の対象となる業務を拡大することを強制しにくい。金融商品取引業者の定義拡大に伴い、自主規制団体の拡張、すなわち日本証券業協会（以下、日証協）や金融先物取引業協会、日本証券投資顧問業協会など、法律上根拠がある五つの既存の認可協会の監督強化が期待され、懇談会が結成された。だが、参加した各協会には、それぞれ取引量が多く信頼性の高い商品は引き受けたいが、詐欺事件を起こすような信頼性の低い業者の受け皿となることは避けたいという思惑があり、懇談会の調整はなかなか進展しないという（毎日〇七年五月一二日）。団体は、実績のない取引を団体の自主規制対象に含めることによる、負担金の調整、事務負担の増大、紛争の多発、信頼喪失などのリスクを嫌う。彼らは、拡張による政治力や調整力の拡大などのメリットがあっても、従来の業界団体の守備範囲を変えたくないのかもしれない。

一方で、業界団体が監督する業務範囲を相互調整し、隙間なく自主規制がかかるようにすることも難しい。各業界団体の自主規制機関は、「……苦情のうち（略）消費者から、各機関が定める紛争解決支援規則に沿った解決の申し出があり、当該規則に基づき解決が図られるもの」として紛争を把握する。そのため、自主規制機関の定める紛争解決支援規則が対象とする苦情のみが紛争として捉えられ、非会員の活動や業界団体が扱わない業務に関する苦情はふるい落とされる。

第三に、自主規制対象商品・業者の包括化が困難なだけでなく、団体が任意加入なため、業者側のインセンティブによる未加入も発生する。業界団体が未加入の業者を自主規制（監督・制裁）することはできない。また、法の定義もない取引を自主規制の対象とすることは難しい。

業界団体の商品規制が硬直的な社会では、業界団体の規制を受けていないことは、新しくつくり出された金融商品であることを意味する。それは、活力ある商品開発のシグナルかもしれない。だが一方で、社会問題となる取引には、金商法の対象とならない取引、無登録・団体未加入業者による取引が多い。金商法は、規制水準の一元化を進め、組合や投資契約も規制対象とした。だが、その後被害が頻発したのは、海外商品先物取引・オプションなど規制が十分でない取引、あるいは現物・相対取引であって一般消費者が関わることが想定されていなかった「ロコ・ロンドン金取引」などだった。一方、同法上明らかに違法な未公開株商法は、営業登録をしていないなど監督の及びにくい業者による違法な勧誘による被害が拡大している。行政による監督が難しい以上、これらの業者を抑えるには、最終的には刑事法（詐欺罪など）による時間と費用のかかる制裁に頼るしかない。

ただ、かつて非常に危険と言われた外為証拠金取引なども、現在は規制が充実し一般投資家が増えつつある。業界団体の認知する知名度の高い金融商品のみを買う社会がよいか、危険と警告されていない商品なら積極的に試せる社会がよいかは、難しい問題である。

3 紛争解決制度の将来は？

金融商品のトラブルに関しては、「安心のできる業者・説明・商品」を知り紛争を予防する制度、事後的なトラブル処理制度が、行政と自主規制団体によって複線的に提供されている。紛争解決の制度は将来的にどう発達していくのだろうか。

まず、業界団体の紛争窓口の一元化は起こるだろうか。金商法は「投資サービス法」、つまり、預金などを含めた家計の金融資産すべてに関わる法ではなく、現在の監督体制、自主規制体制で対応できるところは残しつつ、リスクのある商品についての規制の穴を重点的に見直した法である。包括的立法とならなかったのは、スケジュールの問題もあるが、規制商品や規制業者の特性がばらばらな現時点では、共通の業界規制、共通の販売ルールや紛争解決ルールをいきなりつくっても、商品や業界団体ごとにその運用の方法は大きく異なり、内容が空疎になる可能性があったからかとも思われる。そうだとすれば、紛争解決窓口の急激な一元化は、業界自身の変革ぬきには起こりにくいかもしれない。

では、金融庁の紛争解決組織の充実はありうるか。同庁は、「金融トラブル連絡調整協議会」によって紛争処理の動向を聞き取ってきたが、近年「金融サービス利用者相談室」を設け、直接に金融行政や実務に関する照会・質問や要望・苦情を受け付けるようになっている。この機関は、少なくとも登録業者の把握や監督には適した地位にある。だが、質問や照会と苦情とのふるいわけ、運用予算の確保といった問題を抱えている。

最後に、業者ではなく投資家主導で組織された専門家団体に、紛争解決機能を期待することはできるだろうか。金商法は、自主規制機関ではなく消費者団体あるいはNPO法人などの自発的な申請を想定して、新たに「認定投資者保護団体」という団体を定義した。イメージとしては、国民生活センターの一部や弁護士の自主的組織が、業界団体や未登録・非団体加入業者との連絡を強め、紛争事例を蓄積しアドバイスを提供するといったようなものである。認定投資者保護団体に、金融における消費者政策の大きな柱と期待を寄せる向きもある。だが、業界団体の監督が弱い悪質な業者や商品に関する紛争に対する法的アドバイス提供などの機能を提供できるNPOへのハードルは高い。もし、教育でなく監視や紛争解決に携わる有力なNPOを待望するのであれば、活動しやすい制度づくりや結成への働きかけが必要だろう。

四　投資家のニーズや市民の苦情を伝える「導管」の重要性

本章では、①「貯蓄から投資」へという政策がどのような社会背景を念頭に形成され、家計に影響を与えているか、②金融商品と付き合いやすくする社会の仕組みがどう整えられてきたか、③トラブルを防ぐどんな仕組みが用意されているのか、を順に紹介した。

CSRや森林認証と同様、投資の世界にも、投資家のニーズを投資対象の事業や金融商品を組成する業者に伝える導管がある。それは、金融商品の価格や販売業者である。「手数料だけ安い」商品や、「ハイリスク・ハイリターンの企業を組み込んだ」商品が増えるのは、顧客の要望が商品の売れ行きを通じて商品開発に反映された結果かもしれない。業界団体も、各販売業者も、金融商品を買ってもらおうと積極的に情報を発信している。規制の役割は、家計が金融商品を正しく比較検討できるような形で情報を発信させることであり、家計の役割は、そうして提供された情報を正しく理解し積極的に使うことである。

一方、事後的な紛争解決についても、業界の不適切な取引慣行の是正、中立的解決などのために、市民の苦情を金融商品取引業者に伝える導管が必要とされる。その役割は、官庁、業界団体などにより複線的に担われてきたが、新しい商品・業者の活発な参入が見込まれる中で、市民ベースの紛争処理団体の結成・活躍にも期待が寄せられている。流動的な情勢ではあるが、トラブル処理をサポートし、金融商品のリスクをコントロールする様々な機関について知ることもまた、適正なリスクをとれる投資家の大切な条件と言えよう。

参考文献

足達英一郎・金井司（二〇〇四）、「ＣＳＲ経営とＳＲＩ」きんざい
金融広報中央委員会「家計の金融資産に関する世論調査（平成一八年）」（二〇〇六年一〇月一〇日）
http://www.shiruporuto.jp/finance/chosa/yoron2006/pdf/yoron06.pdf
金融庁「アクセスＦＳＡ」
http://www.fsa.go.jp/access/index.html (visited Sep. 10, 2007)
金融トラブル連絡調整協議会「金融分野の業界団体・自主規制機関における苦情・紛争解決支援のモデル」（二〇〇二年四月二五日）
http://www.fsa.go.jp/singi/singi_trouble/houkoku/f-20020425_hou.html (visited Sep. 10, 2007)
国民生活センター「消費生活相談データベース」
http://datafile.kokusen.go.jp/ (visited Sep. 10, 2007)
総務省統計局「家計調査」（二〇〇七年七月）
http://www.stat.go.jp/data/kakei/family/pdf4.htm
内閣府「平成一七年度国民経済計算のポイント」平成一七年度確報（平成一九年度版国民経済計算年報）参考資料
http://www.esri.cao.go.jp/jp/sna/h17-kaku/materials_j.html (visited Sep. 10, 2007)
永田雅啓（二〇〇四）、「貯蓄率はなぜ下がったか」『国際投資と貿易二〇〇四』五五号、七頁
http://www.iti.or.jp/kikan55/55nagata.pdf (visited Sep. 10, 2007)
日本型金融システムと行政の将来ビジョン懇話会「金融システムと行政の将来ビジョン」（二〇〇二年七月一二日）
http://www.fsa.go.jp/singi/singi_nihon/si_nihon.html (visited Sep. 10, 2007)
日本銀行「資金循環統計（二〇〇七年第一四半期速報）：参考図表」（二〇〇七年六月一五日）
「二〇〇六年　金融資産・負債残高表」（二〇〇七年六

月一五日)
http://www.boj.or.jp/theme/research/stat/sj/index.htm#r
(visited Sep. 10, 2007)

本間正明「株式市場の現状と改革の方策について」(二〇〇一年四月二日)
http://www.keizai-shimon.go.jp/minutes/2001/0402/item6_2.pdf (visited Sep. 10, 2007)

第5章　依頼者がつくる「市場」

――司法制度改革

阿部　昌樹

司法制度の改革が急ピッチで進められている。その背後には、行政機構による事前規制によって紛争の発生を未然に防止する社会から、経済活動をはじめとする諸活動の自由を最大限に許容した上で、その結果として生じる紛争には裁判所が事後的に対応していく社会へと向かう、ガバナンスの仕組みの大転換がある。事前規制型社会から事後救済型社会への転換である。

事後救済型社会においては、他者の活動によって損害を被った者は、自らのイニシアティブで救済を求めなければならない。そのための仕組みが訴訟であるが、法の素人である市民がこの仕組みを使いこなしていくためには、多くの場合、弁護士の助言・助力が不可欠である。今次の司法改革は、質の高い弁護士を大量に生み出すための諸方策を含んでいるが、それらの諸方策の実施と合わせて、市民が、弁護士の提供する法的サービスの賢い消費者となることが求められている。

なお、市民が、弁護士の助言・助力を得て訴訟を提起することには、自らの私的な利益の実現ということに加えて、法の実効性の維持や、判例の形成・変更・再確認といった、公共的な価値が認められる。

一 司法制度改革の進展

1 隣接法律専門職者の職域拡大や法科大学院の創設

急ピッチで進められている司法制度改革であるが、その矛先は司法制度の様々な側面に向けられている。主だった改革として、以下のようなものを挙げることができる。

まず、二〇〇三年には、司法書士に法務大臣の指定する研修を受講した上で、法務大臣による能力認定を受けることを条件に、簡易裁判所において訴訟当事者を代理することが認められた。この年にはまた、弁理士に、特許や商標に関する権利の侵害等に関わる訴訟において、弁護士である訴訟代理人とともに、訴訟当事者を代理することが認められるとともに、税理士に、租税に関する事項について、補佐人として、弁護士である訴訟代理人とともに裁判所に出頭し、訴訟当事者のために意見を述べることが認められた。訴訟当事者から報酬を得て、訴訟当事者のために法廷において活動することは、かつては弁護士だけにしか認められていなかったが、それができる者の範囲を隣接法律専門職者へも拡大することが図られたのである。

二〇〇三年にはまた、人事訴訟すなわち離婚や子の認知等の家族関係に関わる訴訟の第一審の管轄を地方裁判所から家庭裁判所に移管するとともに、それらの案件と密接に関連する損害賠償訴訟をも家庭裁判所で合わせて審理することができるようにすること等を目的とした「人事訴訟法」の制定や、仲裁手続を国際連合国際商取引法委員会が作成した国際商事仲裁模範法に準拠したものにするための、「仲裁法」の制定も行われている。

翌二〇〇四年には、実務法曹すなわち裁判官、検察官、および弁護士を養成することを主目的とする専門職大学院である法科大学院が創設された。実務法曹を志望する者は、大学を卒業した後に、二年間ないし三年間、法科大学院において憲法、民法、刑法等の実定法解釈に関わる法理論教育や法実務についての基礎的教育を受け、その後に司法試験を受験することになった。これまでの、実務法曹となる資格を取得できるか否かが司法試験という一点にかかっていた仕組みを改め、「プロセスとしての法曹養成」を制度化することによって、より質の高い実務法曹を養成するとともに、そうした実務法曹養成教育を複数の法科大学院が担うことによって、実務法曹の人員増を可能とするための改革である。現在では、全国に七四の法科大学院が開設され、入学定員総数は五八二五人となっている。

二〇〇四年にはまた、法務大臣の認証を受けた民間の紛争解決事業者によって実施される紛争解決手続を利用した場合に、時効の中断等の効果を付与することを主眼とした「裁判外紛争解決手続の利用の促進に関する法律」も制定されている。

2 実務法曹の大幅増員や国民の司法参加制度の創設

次いで二〇〇五年には、特許や商標等の知的財産に関する訴訟を専門に扱う知的財産高等裁判所が、東京高等裁判所の特別の支部として設置された。この年にはまた、国や地方自治体を相手取って行政処分の取り消し等を求めて訴訟を提起することを、より容易にするために、行政事件訴訟法の改正も行われた。

さらに二〇〇六年には、日本司法支援センターが開設された。この機関は、第一に、紛争の解決のための諸制度を有効に利用するための情報や弁護士・隣接法律専門職者等の業務に関する情報の提供、第二に、資力が乏しい者の弁護士費用の立て替え等の民事法律扶助、第三に、刑事裁判における国選弁護人の選任体制の整備と選任実務、第四に、弁護士・隣接法律専門職がほとんど開業していない地域に暮らす人々への法的サービスの提供等の司法過疎対策、そして第五に、犯罪被害者支援を、その業務とするものである。この年にはまた、これまでは起訴された後の被告人の段階においてのみ選任されていた国選弁護人を、起訴される前の被疑者の段階から選任できるようにする被疑者国選弁護人の制度が、死刑または、無期もしくは短期一年以上の懲役もしくは禁固に当たる事件に限ってではあるが、導入された。

法科大学院の修了者を対象とする新たな司法試験も、二〇〇六年から実施されている。ちなみに、この年には、法科大学院修了者を対象とした新司法試験とそれ以外の者を対象とする従来からの司法試験とが並行して実施されているが、これら二つの司法試験の合格者数の合計は一五五八人である。この数は、一〇年前の一九九六年の司法試験合格者数七三四人の約二倍、二〇年前の一九八六年の司法試験合格者数四八六人の約三倍である。

従来からの司法試験は二〇一〇年で廃止され、それ以降は、法科大学院を修了していない者は、予備試験を受け、それに合格した後に、法科大学院修了者を対象とした新司法試験を受験することになる。

そして、この二〇一〇年には、法科大学院修了者を対象とした新司法試験だけで、三〇〇〇人程度の合格者を出すことが予定されている。それ以降は、毎年三〇〇〇人の実務法曹が新たに誕生していくことになる。

また、その前年の二〇〇九年には、殺人罪、強盗致死傷罪、傷害致死罪、現住建造物等放火罪、身代金目的誘拐罪等の重大な罪を犯した疑いで起訴された者に関わる刑事事件の裁判において、法曹資格を有する裁判官とともに、一般市民の中から無作為に選ばれた法の素人である裁判員が審理を担当し、合議の上、被告人は有罪か無罪か、有罪であるとして、どの程度の刑を科すことが妥当であるかを判断する、裁判員制度がスタートすることがすでに決まっている。

二 司法制度改革の目指すもの

1 司法制度改革の三つの柱

それでは、これらの一連の改革は、何を目的とするものなのであろうか。この点については、今次の司法制度改革の青写真となった「司法制度改革審議会意見書」が、まず参照されるべきであろう。一九九九年に内閣に設置された司法制度改革審議会が、二年間にわたる審議を踏まえて二〇〇一年六月に公表したこの意見書には、「二一世紀の日本を支える司法制度」というサブタイトルが付されているが、そこには、「司法制度改革の三つの柱」が明示されている。

その第一は、「『国民の期待に応える司法制度』とするため、司法制度をより利用しやすく、わかりやすく、頼りがいのあるものとする」ことである。先に挙げた諸改革のうち、司法書士等の隣接法律専門職者への法廷代理権等の付与、人事訴訟法の制定、仲裁法の制定、裁判外紛争解決手続の利用の促進に関する法律の制定、知的財産高等裁判所の創設、行政事件訴訟の改正は、いずれもこの第一の柱に関連したものである。

第二は、「『司法制度を支える法曹の在り方』を改革し、質量ともに豊かなプロフェッションとしての法曹を確保する」ことである。法科大学院の創設と司法試験合格者数の増加は、この第二の柱に関連したものである。

第三は、「『国民的基盤の確立』のために、国民が訴訟手続に参加する制度の導入等により司法に対する国民の信頼を高めること」である。裁判員制度の創設は、この第三の柱に関連したものである。

「司法制度改革審議会意見書」では、これらの「司法制度改革の三つの柱」が、それぞれが同等に重要な、並列的な関係にあるかのように提示されている。しかしながら、司法制度改革は何を目指したのかを正確に理解するためには、これらの「三つの柱」の相互間の関係を、同等で並列的な関係としてではなく、軽重を伴う主従の関係として捉え直すことが必要である。

2　利用しやすく、わかりやすく、頼りがいのある司法の構築

まず、そもそも何のために「質量ともに豊かなプロフェッションとしての法曹を確保する」必要があ

るのかと言えば、それは、「司法制度をより利用しやすく、わかりやすく、頼りがいのあるものとする」ためであろう。すなわち、第二の柱は、第一の柱として提示されている目的を実現するための手段の一つを提示したものである。第一の柱と第二の柱との間には主従の関係があると考えなければならない。

これに対して、司法の国民的基盤を確立するという第三の柱は、第一の柱および第二の柱から独立したものであるが、「司法制度改革審議会意見書」におけるその扱いは、いずれかと言えば従たる位置付けにとどまっている。裁判員制度の創設を中心とする司法の国民的基盤を確立するために実施すべき諸改革については、意見書の第四章で言及されているが、この章は、全一一八ページからなる意見書の一四ページを占めているに過ぎない。記述の順序からしても、「国民の期待に応える司法制度」を構築するための諸改革を提言する第二章と「司法制度を支える法曹の在り方」に関わる諸改革を提言する第三章が先行し、「国民的基盤の確立」に関わる諸改革についての言及が始まるのは、その後である。

もちろん、司法の国民的基盤を確立することは、それ自体を単独で取り出して見るならば、きわめて重要な改革目的である。また、一九二三年に制定された陪審法に基づいて一九二八年より実施された陪審制度が、一九四三年に、戦争が激化する中で陪審制度を維持するための労力を確保することが困難になったことを主たる理由として、その実施を停止されて以来、わが国には、法の素人である一般市民が判断権限を有する者として裁判に関わる制度がまったくなかったことを踏まえるならば、裁判員制度の創設は、きわめて大きな改革である。しかしながら、今次の司法制度改革の全体のスキームの中では、副次的なものにとどまっているとみなさざるを得ない。

より重要な改革目的があったからこそ、それと合わせて、あえて極論するならば、それに便乗することによって、司法の国民的基盤を確立することをも改革目的とすることができたというのが、今次の司法制度改革の実状であると言ってよいであろう。そのより重要な改革目的とは、「司法制度をより利用しやすく、わかりやすく、頼りがいのあるものとする」ことである。

すなわち、今次の司法制度改革は、「司法制度をより利用しやすく、わかりやすく、頼りがいのあるものとする」ことを主たる目的とし、そのために、法科大学院の創設をはじめとする、「質量ともに豊かなプロフェッションとしての法曹を確保する」ための諸方策と、それ以外の司法制度をいかに運営していくかに関わる諸改革とを合わせて実施するとともに、副次的に、裁判員制度の創設等の諸改革によって、司法の「国民的基盤の確立」をも図ろうとするものであると言うことができる。

三　なぜ司法制度を利用しやすくするのか

1　規制緩和の進展を背景として

二〇世紀から二一世紀への世紀の変わり目のこの時期に、なぜ、「司法制度をより利用しやすく、わかりやすく、頼りがいのあるものとする」必要があったのであろうか。この点についても、まずは「司法制度改革審議会意見書」が参照されるべきである。そこには、次のような記述が見出される。

……二一世紀の我が国社会にあっては、司法の役割の重要性が飛躍的に増大する。国民が、容易に自らの権利・利益を確保、実現できるよう、そして、事前規制の廃止・緩和等に伴って、弱い立場の人が不当な不利益を受けることのないよう、国民の間で起きる様々な紛争が公正かつ透明な法的ルールの下で適正かつ迅速に解決される仕組みが整備されなければならない。二一世紀社会の司法は、紛争の解決を通じて、予測可能で透明性が高く公正なルールを設定し、ルール違反を的確にチェックするとともに、権利・自由を侵害された者に対し適切かつ迅速な救済をもたらすものでなければならない。このことは、我が国の社会の足腰を鍛え、グローバル化への対応力の強化にも通じよう。

ここで注目したいのは、「事前規制の廃止・緩和等に伴って」という一節である。司法制度改革審議会の認識によれば、「事前規制の廃止・緩和」には、「弱い立場の人が不当な不利益を受ける」という結果をもたらす危険が伴っており、そうした危険を除去するためには、「国民の間で起きる様々な紛争が公正かつ透明な法的ルールの下で適正かつ迅速に解決される仕組みが整備されなければならない」。その仕組みとは、言うまでもなく、「利用しやすく、わかりやすく、頼りがいのある」司法制度である。

わが国では、一九九三年九月に緊急経済対策閣僚会議において「規制緩和等の実施について」が決定されて以来、「事前規制の廃止・緩和」すなわち規制緩和が一貫して政府の方針とされてきた。規制緩和の推進には、二つの政策的意図があった。一つは、国や自治体の行政機構による企業活動等に対する規制を可能な限り廃止もしくは緩和し、企業や個人が創意工夫を凝らした新たな商品やサービスの開発を自由に行うことを保障することをとおして、ビジネス・チャンスを拡大し、経済を活性化させることである。もう一つは、諸外国からの、わが国における国や自治体の行政機構による企業活動等に対する規制は、海外の企業にとっては理解しがたい不透明なものであり、そうした規制が満ちあふれていることが、海外企業のわが国の国内市場への進出を妨げているという批判に応じ、市場の開放を促進することである。これら二つの政策的意図に基づいて、一九九三年以来、国や自治体の行政機構によって実施されてきた様々な事前規制の廃止ないしは緩和が、段階的に進められてきている。

2 規制緩和の負の側面に対処する必要性

規制緩和の進展には、競争環境下に置かれた事業者の、その競争を勝ち抜くための創意工夫をとおして、消費者のニーズに合致した多様な商品やサービスの供給が促進されるという効果や、商品の生産工程や流通過程の効率化をとおして、より安価な商品の供給が促進されるという効果が期待できる。しかしながら、その一方で規制緩和には、有害な副作用を伴う医薬品や国際金融市場の動向次第で高いリスクを伴う金融商品等、国や自治体の行政機構による厳格な事前規制が行われていたならば、その事前規制によって販売が認められず、市場に出回ることがなかったはずの商品が次々に売り出され、随伴するリスクについての十分な知識を持たないままにそれらの商品を購入した消費者が、予想外の甚大な損害を被る危険が伴うことも否定できない。また、厳格な規制が行われていたならば市場に参入することすら認められなかったような、貧弱な生産設備と安全監視体制しか備えていない事業者が大挙して市場に参入し、それらの事業者によって供給される十分な安全性を備えていない商品によって、消費者が不測の損害を被るという事態が生じることも予想される。

消費者の自己責任を徹底するならば、そうした危険が現実化し損害が実際に発生したとしても、その損害はすべて、十分な知識なしにハイリスクの商品を購入したり、安全性をチェックすることなしに安価な商品を購入したりした消費者の無謀さに起因するものであり、したがって、損害を被った消費者が、それを甘んじて受け入れるべきものであるということになるであろう。しかしながら、専門的な知識を持たない消費者に一切の責任を負わせることの政策的な正当性は疑わしいし、とりわけ、事業者の側が、その商品に随伴するリスクについての十分な知識を持ちながら、そのリスクを消費者に説明しなかったような場合や、最低限の安全性のチェックすら行わずに欠陥商品を出荷してしまったような場合にまで消費者の自己責任を徹底するような政策は、とうてい社会からの支持を得られないであろう。商品やサービスが市場に出回る前の事前規制を廃止もしくは緩和するとしたならば、いわばその代替措置として損害が発生した後の、事後的な救済策の充実・強化が図られなければならないのである。この事後的な救済の仕組みの中核を担うのが司法である。

3　規制緩和後の世界の基本インフラとしての司法

こうしたことは、規制緩和に向けての政府の取り組みが本格的に開始された、その当初から認識されていたことである。一九九四年一二月に、当時の総理府に設置された行政改革委員会が翌一九九五年一二月に公表した報告書『規制緩和の推進に関する意見（第一次）』に、それが明瞭に示されている。すなわち、行政改革委員会は、この報告書の中で「規制の緩和・撤廃によって自由放任の無責任社会を目指すことを主張している」わけではなく、「自由には自己責任が伴うこと」を当然の前提とした上で、「ルール違反には厳しい制裁が科せられる社会」を構想していることを強調している。言うまでもないことであるが、ここで言及されている「自己責任」とは、十分な知識を持たずにハイリスクの商品や欠陥商品を購入してしまった消費者の、その結果として被る損害についての自己責任ではなく、ハイリスクの商品や欠陥商品を売り出した事業者の、その結果として生じる消費者とのトラブルについての自己責任である。行政改革委員会の考え方によるならば、そうした事業者の経済活動の自由に随伴する自己責任は、「ルール」として明示されなければならない。

そうした考え方を示した上で、行政改革委員会は、このルールの遵守と自己責任が重んじられる社会では、司法の役割が飛躍的に高まるという認識を提示している。すなわち、行政改革委員会は、次のように述べている。

規制緩和が進み自己責任の原則が徹底する社会では、意見の対立は、行政によってよりも、むしろ司法によって解決されることが原則となる。その意味で、司法は規制緩和後の世界の基本インフラと言える。

したがって、規制緩和を進めていくためには、我が国の司法の機能を一層充実・強化する必要がある。

規制緩和後の社会においては司法の重要性が高まるという、この行政改革委員会の認識が、先に引用した「司法制度改革審議会意見書」の「事前規制の廃止・緩和等に伴って、弱い立場の人が不当な不利益を受けることのないよう、国民の間で起きる様々な紛争が公正かつ透明な法的ルールの下で適正かつ迅速に解決される仕組みが整備されなければならない」という一節に引き継がれていることは明白であろう。二〇世紀から二一世紀への世紀の変わり目のこの時期に、なぜ、「司法制度をより利用しやすく、わかりやすく、頼りがいのあるものとする」必要があったのであろうかという問いに対する答えは、それに先行して規制緩和が進展したからであるということになる。

四　弁護士増員の必要性

1　事後救済の場としての裁判所

規制緩和と司法制度改革との関係を、もう一度確認しておくことにしよう。

規制緩和が進むと、事業者は、国や自治体の行政機構によるチェックを受けることなしに、様々な商品やサービスを自由に売り出すことが可能になる。そうした商品やサービスの中には、厳格な規制が行われていたならば市場に出回らなかったようなハイリスクのものや、素人には容易に発見できないような欠陥を有するものも含まれているかもしれない。

それらの商品やサービスを購入して不測の損害を被った消費者には、そうした損害をもたらした事業者に、その賠償を求める途が開かれていなければならない。事業者が、消費者からの損害賠償の請求に無条件に応じて、求められるままに賠償を行うならば、それで何も問題はないが、事業者は、損害が発生したのは商品やサービスを購入した消費者の側の不注意が原因であると主張して、損害賠償請求を拒絶するかもしれない。そのような場合には、裁判所が、事業者の側に損害賠償責任があるのかどうかについての消費者と事業者との争いを第三者的な立場から審理した上で、公正な判断を下すことが求められる。

しかしながら、裁判所が紛争解決に乗り出すのは、あくまでも、損害を被った被害者の訴えを受けてからである。被害者が訴訟を提起しなければ、裁判所は何もなし得ない。そこで問題になるのが、被害者が、損害賠償を求めて訴訟を提起することが容易なように、司法制度が整備されているかどうかである。訴訟の提起が容易でなければ、被害者は、加害者側が自発的に損害賠償に応じないならば、結局のところ、損害賠償請求を断念せざるを得ないであろう。そして、そのことを見越した加害者は、いずれは被害者があきらめることを念頭に置いて、被害者からの損害賠償請求を、頑として拒絶し続けるかもしれない。それに対して、訴訟の提起が容易であれば、被害者は、加害者が自発的に損害賠償請求に応じない場合には、直ちに訴訟を提起することができるし、加害者の側は、いずれは裁判所に損害賠償を命じられることを予期し、それを回避するために、被害者によって訴訟が提起される以前に、被害者からの損害賠償請求に、自発的に応じるようになるであろう。

国や自治体の行政機構による細かな事前規制が行われていたならば発生しなかったはずの損害をめぐる紛争が、規制緩和が進展した後には数多く発生することが予想されるなかで、そうした紛争が、被害者の泣き寝入りによってではなく、被害者が適切な救済を受けることによって終結するようにするためには、「司法制度をより利用しやすく、わかりやすく、頼りがいのあるものとする」ことが要請されるのである。

2　弁護士の役割の重要性

ところが、こうした要請に応じて、「司法制度をより利用しやすく、わかりやすく、頼りがいのあるものとする」ためには、ただ単に裁判所や裁判官を増やしたり、訴訟手続に工夫を凝らしたりするだけでは不十分である。

わが国では、最高裁判所から簡易裁判所までのすべての審級の裁判所で、「本人訴訟主義」が採用されている。すなわち、法曹資格を持たない訴訟当事者は、弁護士を訴訟代理人に選任しなければならないという「弁護士強制主義」は採用されず、弁護士を訴訟代理人に選任するか否かは、訴訟当事者の自由な判断に委ねられている。

既述のとおり、二〇〇三年からは、法務大臣指定の研修を受講した上で、法務大臣による能力認定を受けた司法書士に、簡易裁判所において訴訟当事者を代理することが認められるようになったが、それは、簡易裁判所に訴訟を提起する際には、必ず司法書士を代理人として選任しなければならないという趣旨ではない。また、同じ二〇〇三年に行われた改革によって、弁理士を訴訟代理人に選任するためには、合わせて弁護士をも訴訟代理人に選任しなければならず、税理士を補佐人に選任するためにも、合わせて弁護士を訴訟代理人に選任することが求められることになったが、このことは、弁理士や税理士に頼らず、独力で訴訟を行うことを禁止する趣旨ではない。「本人訴訟主義」は、今次の司法制度改革によっても、修正されることなく維持されているのである。したがって、ハイリスクの、あるいは欠陥を有する商品やサービスを購入して損害を被った被害者が、それらの商品やサービスを製造もしくは販売した事業者を相手取って訴訟を提起する際に、弁護士に訴訟代理を依頼する必要はない。

しかしながら、法の素人である消費者が、まったく独力で訴訟を行うことには、そうした本人訴訟を念頭に置いて民事訴訟法に特則として設けられている、六〇万円以下の金銭の支払いを求めて簡易裁判所に提訴する少額訴訟の制度を利用する場合を除いては、大きな困難が伴うであろう。後の生活を大きく左右しかねないような高額の損害賠償の支払いを求めて地方裁判所に訴訟を提起するとしたならば、訴訟提起前にまず弁護士に相談し、そのアドバイスを受けるとともに、訴訟提起後は、弁護士に訴訟代理人を務めてもらい、必要な書面の準備等の専門的な能力を必要とする訴訟手続を、自らに代わって行ってもらいたいと思うのが通常であろう。

したがって、法の素人である消費者が容易に訴訟を提起できるようにするためには、まずもって、弁護士に相談し、訴訟代理人を務めてもらうことを容易にする必要がある。そして、そのためには、トラブルを抱えた消費者の相談に親身になって応じてくれる弁護士の数を増やさなければならない。先に、「司法制度改革審議会意見書」に「司法制度改革の三つの柱」として提示されている三つの改革目的のうち、「質量ともに豊かなプロフェッションとしての法曹を確保する」という第二の目的は、「司法制度をより利用しやすく、わかりやすく、頼りがいのあるものとする」という第一の目的に対して、手段的位置にあると述べたが、それはまさに、そのような趣旨である。

3　弁護士数の少なさと弁護士過疎

わが国の弁護士数が、先進諸国と比較して僅少であることは、つとに指摘されてきたことである。弁護士一人当たりの国民数を二〇〇六年の数値で見るならば、わが国では約五八〇〇人であるのに対して、フランスでは約一四〇〇人、ドイツでは約六〇〇人、イギリスでは約五一〇人、アメリカでは約二九〇人である。この数値は、単純に計算するならば、わが国の弁護士一人ひとりは、フランスの弁護士一人ひとりが対応しなければならない人口の約四倍の人口に、また、アメリカの弁護士一人ひとりが対応しなければならない人口の約二〇倍の人口に対応しなければならないということを意味している。こうした数値のみをもってしても、欧米の先進諸国に比して、わが国においては、弁護士に相談することが容易でないということは明白であろう。

それに加えて、弁護士過疎の問題がある。二〇〇六年の数値で、東京都内では一万六二八人の弁護士が開業しており、弁護士一人あたりの都民の数は約一二〇〇人となる。この数値は、フランスの弁護士一人当たりの国民数よりも少なく、東京だけを見るならば、弁護士は必ずしも少な過ぎるとは言えない。それに対して、青森県では、県内で開業している弁護士は四五人であり、弁護士一人当たりの県民数は約三万一六〇〇人である。この数値は、フランスの弁護士一人当たりの国民数の二一・五倍、東京都の弁護士一人当たりの都民の数の約二六・五倍である。さらに地域を区切って見るならば、二〇〇七年四月現在で、地方裁判所の支部の管轄地域内で開業している弁護士が一人もいない地域が、大津地方裁判所長浜支部管内、奈良地方裁判所五條支部管内、大分地方裁判所杵築支部管内の計三カ所存在しており、それに加えて、地方裁判所の支部の管轄地域内で開業している弁護士が一人しかいない地域が二九カ所ある。大都市以外の地域においては、大都市地域に比較して、弁護士に相談することに格段の困難が伴うのである。

今次の司法制度改革において、司法制度改革審議会が「質量ともに豊かなプロフェッションとしての法曹を確保する」ことを改革の柱の一つとするとともに、二〇一〇年頃には新司法試験の合格者数を年間三〇〇〇人にまで増加させることを目指すという数値目標まで明示したのは、こうしたわが国の実状を踏まえるならば、「司法制度をより利用しやすく、わかりやすく、頼りがいのあるものとする」ためには、まずもって、実務法曹とりわけ弁護士の数を大幅に増やさなければならないと考えたためであろう。

五　法的サービスの市場

1　質の低い法的サービスを購入してしまう危険性

それでは、「事前規制の廃止・緩和等に伴って、弱い立場の人が不当な不利益を受けることのないようにするという目的は、弁護士の数を増やしさえすれば、それで達成できるのであろうか。

ここで留意しなければならないのは、弁護士の助言や助力は、市場において提供されるサービスであるという事実である。市場において購入した商品やサービスに付随するリスクが現実化したために、あるいは市場において購入した商品やサービスに素人にはわからないような欠陥があったために、思いもよらない損害を被った消費者が、その損害の賠償を求めて事業者を相手取って訴訟を提起するために弁護士の助言や助力を得たいと考えたとき、その弁護士の助言や助力は、市場において対価を支払って購入するのが原則なのである。

そうであるとしたならば、市場において提供される他の商品やサービスがそうであるのと同様に、弁護士によって提供される法的サービスについても、たまたま購入したサービスに欠陥があり、それゆえに、思いもよらない損害を被らされることになる可能性を考慮に入れなければならないであろう。例えば、法的な知識や能力を十分に有していない弁護士に訴訟代理を依頼した結果、本来であれば容易に勝訴したはずの訴訟に敗訴してしまい、取れるはずであった賠償金が取れなくなってしまうといった事態が生じる可能性である。

そのような事態が発生した場合、それに対処するための一つの方法は、自らに損害をもたらした無能な弁護士を相手取って、損害賠償を求める訴訟を提起することである。しかしながら、法の素人が、一切の訴訟行為を独力で行って、弁護士の無能さによって被らされた損害の賠償を得るための訴訟において勝訴することは、きわめて困難である。確実に勝訴することを望むのであれば、別の弁護士に訴訟代理を依頼しなければならないであろう。それでは、その別の弁護士も無能で、その結果、本来であれば容易に勝訴したはずの訴訟に敗訴してしまったならば、どうしたらよいのであろうか。また別の弁護士に訴訟代理を依頼してさらなる訴訟を提起するにしても、その弁護士もまた無能である可能性がある。そうした可能性が現実化したならば、「事前規制の廃止・緩和等に伴って、弱い立場の人が不当な不利益を受けることのないよう」にするという目的は、まったく実現できなくなってしまう。

2　実務法曹の増員が質の低下をもたらさないようにする必要性

さらに厄介なことに、事前規制の廃止や緩和には、欠陥のある商品やサービスが市場に流通する可能性を高めるというマイナスの効果が伴うという指摘は、市場において提供される他の商品やサービスと同様に、弁護士によって提供される法的サービスにも妥当すると考えなければならない。そして、かつては年間五〇〇人程度であった司法試験の合格者数を年間三〇〇〇人にまで増加させることは、法的サービスの市場にサービス供給者として参入を希望する者に対する、事前の参入規制を大幅に緩和することにほかならないのである。

司法試験の合格者数が五〇〇人であれば、司法試験で不合格となり、実務法曹としての資格を得られず、それゆえ、法的サービスの供給者になり得なかったはずの者であっても、合格者数が三〇〇〇人であれば、司法試験に合格し、法曹資格を取得し、法的サービスの供給者として市場に参入することが可能になる。それはまさに、法的サービスの市場への参入規制の緩和にほかならない。この規制緩和には、欠陥のある法的サービスが市場に流通する可能性を高めるというマイナスの効果が伴うと考えなければならないはずである。すなわち、十分な法的知識や能力を備えていない弁護士に誤った法的助言を与えられたり、倫理観の欠如した弁護士に、預けていた金銭を着服されてしまったりする可能性である。

「事前規制の廃止・緩和等に伴って、弱い立場の人が不当な不利益を受けることのないよう」にするために、弁護士の増員を目的として、法的サービスの市場への参入規制を緩和することには、その規制緩和ゆえに、能力的ないしは倫理的に問題のある弁護士の法的サービスの市場への参入を許してしまい、その結果、弁護士と比較するならばきわめて低い水準の法的な知識や能力しか有していない、そうした意味で「弱い立場」にある依頼者が、「不当な不利益を受ける」可能性を高めるという危険が内在しているのである。それは、病を治すために服用した薬品の副作用によって、別の病を患ってしまう可能性に類似している。

もっとも、弁護士の増員が、欠陥のある法的サービスが市場に流通する可能性を高めるのは、他の条件には変化がないと仮定した場合においてである。ただ単に司法試験の合格者数を増やすだけではなく、それと合わせて、弁護士の能力や倫理観を向上させるための措置が別途講じられるならば、欠陥のある法的サービスが市場に流通する可能性は、かなりの程度まで抑止されるはずである。

司法制度改革審議会はもちろん、この点を十分に認識していた。司法制度改革審議会が設定した司法制度改革の第二の柱は、「『司法制度を支える法曹の在り方』を改革し、質量ともに豊かなプロフェッションとしての法曹を確保する」ことであった。「質量ともに豊かな」というフレーズには、ただ単に弁護士をはじめとする実務法曹の数を増やせば事足りるのではなく、増員される実務法曹の「質」にも、十分な配慮がなされなければならないという認識が示されている。

3　実務法曹養成の新たな仕組みとしての法科大学院

そして、司法試験合格者数を増やしつつ、同時に実務法曹の「質」的な豊かさをも高めていくための方策として司法制度改革審議会が第一に挙げているのが、法科大学院の創設である。「司法制度改革審議会意見書」の表現を用いるならば、「二一世紀の司法を担うにふさわしい質の法曹を確保するため、司法試験という『点』による選抜ではなく、法学教育、司法試験、司法修習を有機的に連携させた『プロセス』としての法曹養成制度を整備すること」が必要であり、その中核に位置づけられるのが、実務法曹の養成に特化した大学院、すなわち法科大学院なのである。

「司法制度改革審議会意見書」には、すべての法科大学院が踏まえるべき基本的理念として、三つのものが挙げられている。その第一は、「『法の支配』の直接の担い手であり『国民の社会生活上の医師』としての役割を期待される法曹に共通して必要とされる専門的資質・能力の習得と、かけがえのない人生を生きる人々の喜びや悲しみに対して深く共感しうる豊かな人間性の涵養、向上を図る」ことである。第二は、「専門的な法知識を確実に習得させるとともに、それを批判的に検討しまた発展させていく創造的な思考力、あるいは事実に即して具体的な法的問題を解決していくため必要な法的分析能力や法的議論の能力等を育成する」ことである。そして第三は、「先端的な法領域について基本的な理解を得させ、また、社会に生起する様々な問題に対して広い関心を持たせ、人間や社会の在り方に関する思索や実際的な見聞、体験を基礎として、法曹としての責任感や倫理観が涵養されるよう努めるとともに、実際に社会への貢献を行うための機会を提供しうるものとする」ことである。法科大学院には、実務法曹を志望する者に法的な知識や能力を修得させることだけでなく、豊かな人間性や法曹としての責任感や倫理観を身につけさせることも求められているのである。

こうした「司法制度改革審議会意見書」の記述を踏まえて、中央教育審議会大学分科会法科大学院部会の「法科大学院の教育内容・方法等に関する研究会」において、法科大学院の教育内容や教育方法に関する全国共通の統一的基準のあり方についての検討が行われた。そして、この研究会が二〇〇二年一月に公表した「法科大学院の教育内容・方法等に関する中間まとめ」において、法的な知識や能力を修得するための科目に加えて、「法曹としての責任感・倫理観を涵養するための教育内容二単位相当」を、必修科目として、法科大学院のカリキュラムの中に必ず含まなければならないものとすべきことが提言された。現在では、この提言を踏まえて、全国のいずれの法科大学院においても、「法曹倫理」ないしはそれに類する名称の科目が設けられ、実務法曹を志望する者に、法曹としての責任感や倫理観を身につけさせるための教育が行われている。

4 弁護士の質の向上を図るためのその他の諸方策

法科大学院の創設は、法的サービスの市場にサービス供給者として参入を希望する者に対する、参入前の教育の充実によって、提供される法的サービスの「質」的な豊かさを高めようとするものであるが、それに加えて司法制度改革審議会は、法曹資格を取得して弁護士となり、法的サービスの市場にサービス供給者として実際に参入した後の段階についても、提供される法的サービスの質の向上につながるような、いくつかの提言を行っている。

例えば、弁護士報酬を適正で依頼者が納得のいくものにするために「報酬契約書の作成の義務化、依頼者に対する報酬説明義務等の徹底を行うべき」ことが提言されている。「弁護士の専門性強化等の見地から、弁護士会による研修の義務化を含め、弁護士の継続教育を充実・実効化すべき」ことも提言されている。さらに、法曹としての責任感や倫理観の涵養に関しても、弁護士の増員に伴い、弁護士の活動領域が従来よりも広がっていくことを踏まえた上で、「弁護士倫理の在り方を検討し、倫理研修の充実、綱紀・懲戒制度の適切な運用等により、弁護士倫理の遵守を確保」することを弁護士会に求めるべきであるという提言が行われている。

これらの提言はいずれも、法的サービスの市場への参入規制を緩和するかわりに、参入した後の、弁護士としての業務の遂行に対する規制を強化することを要請するものであるが、司法制度改革審議会はまた、弁護士による業務広告に対する規制を緩和することによって、弁護士に依頼しようとする者が間違いのない選択をするために参考となるような情報の流通を促進することも提言している。すなわち、現在は認められていない「弁護士の専門分野や実績等についても広告対象として認める」ようにすべきであり、そのために必要なそれぞれの弁護士の専門分野の認定のための「第三者評価の導入の要否等につき検討を加え、必要な措置を講じるべき」ことが提言されている。

5　法的サービスを購入する側の責任

これらの一連の提言が遺漏なく実行に移されたならば、弁護士が大幅に増員されても、弁護士の質は保たれ、あるいは現在よりも向上し、弁護士に依頼した者が、その依頼した弁護士がたまたま十分な法的知識や能力を有しない、あるいは責任感や倫理観を欠如した者であったために、思いもよらない損害を被らされるような事態の発生が十分に抑止されるかどうかは、今後の事態の推移を見守るしかない。ただし、一つだけ確実に言えることがある。それは、これらの一連の提言が実行に移されるにつれて、弁護士に依頼する側の、特定の弁護士を自ら選択したという事実に起因する責任が強調されるようになるであろうということである。

一人ひとりの弁護士に関する情報が、それぞれの得意とする法分野やこれまでの事案処理の実績等に関する情報をも含めて十分に公開されており、また、実際に特定の弁護士に依頼する際には、支払わなければならない弁護士報酬の額や事案処理の見通し等について、弁護士の側から十分な説明がなされるようになるならば、法の素人であっても、弁護士の選任に関して、ある程度までは合理的な選択が可能になるはずである。そして、合理的な選択が可能であるにもかかわらず、あえて非合理的な選択を行ったとしたならば、その場合には、その選択に起因する損害は、選択を行った者が負うべきであるということになるはずである。自らが保有している特許を侵害するような商品を販売している事業者に、その商品の販売差し止めを求める訴訟を提起するに際して、刑事事件を専門にしていると広告している弁護士にあえて訴訟代理を依頼し、その弁護士が知的所有権法についての十分な知識を有していなかったために敗訴したといった事例においては、敗訴に伴う損害の賠償を弁護士に求めるのは、やはり筋違いであろう。

法的サービスの市場が、そこで提供される多様なサービスのいずれを購入するかに関して、購入する側が合理的な選択を行うことが可能なものへと整備されていくにつれて、法的サービスの消費者には「賢い消費者」であることが期待されるようになり、法的サービスの消費者として賢い選択を行わなかったことの責任は、その者が負うべきものとみなされるようになっていくことが予想されるのである。

六　権利主張の公共性

1　権利主張と利益主張・自己主張との相違

これまでは、トラブルに巻き込まれた者が訴訟を提起するのも、その訴訟を首尾よく遂行し、勝訴判決を獲得するために弁護士に訴訟代理を依頼するのも、もっぱら自分の利益を守るためであるという前提で話を進めてきた。しかしながら、訴訟の提起やそのための弁護士利用を、各人の私的な利害のみに関わる事柄とみなしてよいのであろうか。

この点に関しては、司法制度改革審議会が二〇〇〇年一一月二〇日に公表した「中間報告」の、次のような記述がまず参照されるべきである。

国民の権利、自由の主張は、単なる私的利益に係るものとだけ受け止められるべきではない。裁判過程などにおいて適正な権利、自由の主張がなされ、違法行為の是正や権利救済が図られることは、それ自体が公共的価値の実現という側面を有する。

この記述において指摘されているのは、他者の行為によって被った損害の賠償を求めて訴訟を提起することには、私的な利益の確保ということを超えた、公共的な価値が認められるということである。裁判は、単なる自己主張や利益主張の場ではなく、権利主張の場である。訴訟を提起するためには、他者の行為によって自らが損害を被っている状態は、自らの権利が侵害されている状態にほかならないことを主張しなければならない。そして、訴訟においては、実際に権利侵害があったのか否かが争われることになる。このように、訴訟においてその焦点となる権利とは、法的な観点から見て保護するに値する利益として各人に保障されたものであり、権利が侵害されているということは、各人に権利を付与した法が侵害されているということ、すなわち違法状態が存在しているということにほかならない。権利侵害と違法とは、表裏一体の関係にあるのである。したがって、訴訟が提起され、裁判所によって原告の権利が侵害されていることが認定され、被告に損害賠償が命じられ、それに応じて被告が原告に損害賠償金を支払ったならば、そのことには、原告の私的な利益が確保されたということに加えて、権利の侵害が是正され、違法状態が解消されたという意義が認められることになる。この訴訟の提起を契機として違法状態が解消されるという事実には公共的価値を見出すことができるというのが、司法制度改革審議会の「中間報告」における記述の趣旨である。

2　法の実効性を維持するためには訴訟が不可欠

もしも、法に違反して重大な罪を犯した者の多くが逮捕され、処罰されることなく放置されているとしたならば、それは大きな社会問題であろう。捜査の強化や処罰の徹底を求める声がわき起こるのは必定である。それは、犯罪は公共的価値の侵害であり、法に違反して罪を犯した者が処罰されることには公共的価値が認められるということについて、広範な社会的コンセンサスが形成されているからにほかならない。

それでは、欠陥商品が販売され、あるいは契約が履行されず、その結果、損害を被っている者が数多く存在しているとしたならば、どうであろうか。そうした状態もまた、違法行為が放置されている状態にほかならないが、欠陥商品であることを知りながらその商品を販売した場合や、契約を結ぶ段階においてすでにその契約を履行することは不可能であることを知りながら、契約を締結したような場合を除いては、それらの違法行為は民事法上違法であるとみなされるにとどまり、刑事法上は違法ではない。すなわち、犯罪ではない。したがって、警察や検察が捜査に乗り出すことはなく、損害を被っている者が救済を求めて声を上げない限りは、違法行為は放置され続けることになる。損害を被っている者が、自らの主体的な判断によって損害を甘受しているのであれば、その判断は尊重されるべきであると考えることはもちろん可能である。しかしながら、犯罪とはならないような違法行為によって損害を被っている者の誰もがその損害を甘受するようになったならば、それらの行為を違法なものと規定している法は、有名無実化してしまう。

法とは、何が犯罪行為であるかを規定する刑事法だけでなく、他者にもたらした損害を賠償する責任を負うべき場合を規定する民事法もまた、社会の構成員相互間にどのような関係が形成され、維持されていくべきかを定める、社会の構成員すべての共有財産であり、その法が有名無実化していくことは社会的な損失であると考えるならば、違法状態の存在を指摘し、その是正を求める行為、すなわち権利の主張や、その延長としての訴訟の提起は、社会的損失の発生をくい止める、公共的価値を有する行為であると考えなければならない。司法制度改革審議会の「中間報告」における記述は、そうした認識に基づくものなのである。

3　判例形成の契機としての訴訟

訴訟の提起には、このように、法を有名無実化せず、実効性を有するものとして維持していくという効果に加えて、時として、法が何を命じ何を禁止しているかを明確化することによって、将来発生する紛争の解決を容易化するという効果も伴う。それは、訴訟が提起された結果、新たな判例が形成されるような場合においてである。

法律の文言は、しばしばきわめて曖昧かつ多義的であり、何が違法な行為であり、何をしたならば、その結果として他者にもたらした損害を賠償する責任を負うことになるのかといったことは、法律の文言を読んだだけでは判然としない場合が少なくない。そのような場合、法律の文言をどのような意味を有するものとして扱うかによって、加害者が損害を賠償すべきか、それとも被害者が損害を甘受すべきかの判断が異なってくるため、法律の文言をどのように理解すべきかが、紛争の最も重要な争点となる。そうした紛争が法廷に持ち込まれたならば、加害者が損害賠償責任を負うか否かを判断する前提として、裁判所が法律の文言をどのような意味を有するものとして扱うべきかについて考え方を示すことになる。こうした裁判所が判決に際して示す法律の文言の解釈が、判例である。

いったん裁判所としての法解釈が示され、判例が形成されると、その後に類似した紛争が発生した場合には、裁判所は、通常、法律の文言をいかに解釈すべきかを再度検討することはせず、判例に依拠して、違法行為の有無や損害賠償責任の有無の認定を行うようになる。そうした判例への依拠は、その判例を形成したのが地方裁判所である場合よりも高等裁判所である場合において、高等裁判所である場合よりも最高裁判所である場合において、より顕著である。より上位の裁判所が形成した判例ほど、より大きな権威を有し、それゆえに、より尊重されることになるのである。

そして、紛争の解決が判例に依拠して行われるならば、法律の文言が曖昧で多義的であることに起因する、法律の文言をどのような意味を有するものとして扱うべきかをめぐっての紛争の深刻化は回避され、迅速で効率的な紛争解決が実現されることになる。また、判例が形成されると、法の文言の意味についての争いがなくなるために、被害者が訴訟を提起するまでもなく、紛争当事者間での話し合いによって紛争が解決される事案が増える。すなわち、ある紛争が訴訟となり、裁判所によって判例が形成されることには、その後に発生する類似した紛争の解決を容易化するという効果が伴うのである。

判例が形成される契機となった訴訟を提起した者と、判例が形成された後に発生した紛争の解決に際して、判例があることによって紛争の解決が容易化するという便益を受ける者とは、通常は別人である。そして、判例がもたらす便益は、その判例が頻繁に発生するようなタイプの紛争に関するものである場合には、判例が形成された後にそうした紛争の当事者となるきわめて多くの人々に及ぶ。すなわち、判例が形成される契機となった訴訟を提起した者は、自らの訴訟提起によって裁判所の判例形成に貢献することをとおして、その後に、自らが直面した紛争と類似した紛争の当事者となる不特定多数の人々に、紛争解決の容易化という便益をもたらすことになるのである。こうした判例形成による紛争解決の容易化も、訴訟を提起することに伴う、私的な利益の確保を超えた公共的価値の実現にほかならない。

4　判例の変更や再確認にも公共的価値がある

もっとも、いったん判例が形成されれば、その後は紛争解決の規準として、その判例が永久に尊重され続けるということにはならない。社会状況の変化に伴って、判例として示された法の解釈が社会の実状にそぐわないものとなる可能性があるからである。そのような場合には、訴訟において、過去に形成された判例の妥当性が争われ、裁判所が、過去に形成された判例は、社会状況の変化によって妥当性を喪失していると考えたならば、新たな法解釈が示され、その結果、新たな判例が形成されることになる。判例変更である。そうして新たに形成された判例は、少なくともその後しばらくは、紛争解決の容易化という便益を、多くの紛争当事者にもたらすはずである。そうであるとしたならば、判例変更をもたらすような訴訟を提起した者も、最初の判例が形成される契機となった訴訟を提起した者がそうであるのと同様に、私的な利益の確保を超えた、公共的価値の実現に貢献したことになる。

こうした考え方をさらに押し進めるならば、紛争当事者が過去に判例として示された裁判所の法解釈に疑義を呈し、その変更を求めて訴訟を提起したが、裁判所は、判例はいまだ妥当性を失ってはいないと考え判例変更を行わなかった場合にも、その訴訟提起には、公共的価値が認められることになろう。その訴訟提起によって、裁判所が社会に、かつて判例として示された裁判所の法解釈は、現在でもそのまま通用するものであることを宣言することが可能になり、そうして裁判所によって妥当性を再確認された判例は、紛争解決の規準としてより揺るぎないものとなり、それに依拠した迅速で効率的な紛争解決を促進していくと考えられるからである。

このように、訴訟提起には、法の実効性を維持するという効果とともに、判例の形成、変更、再確認をとおして、将来発生する紛争の解決を容易化するという効果が伴っており、それらの効果はいずれも、公共的価値を有している。そうであるとしたならば、そのような効果を随伴する訴訟を提起するために、弁護士が提供する法的サービスを購入することにも、公共的な価値があるとみなすべきであろう。

トラブルに巻き込まれ、損害を被らされた際に、ただ自らの不遇を嘆くだけで、何の行動も起こすことなく泣き寝入りしてしまったならば、訴訟提起に付随する公共的価値が実現されることはあり得ない。訴訟提起に付随する公共的価値を実現するための第一歩が、対価を支払って弁護士の助言や助力を得ることであるとしたならば、この、弁護士が提供する法的サービスを購入するという行動にも、公共的な価値があると考えるべきなのである。

言い換えるならば、弁護士に法的な助言や助力を求める人々が、そうした人々のニーズに応えて法的な助言や助力を提供する弁護士とともにつくり出していく法的サービスの市場は、ただ単に私的な欲求が満たされる場ではなく、公共的価値の実現へとつながっているのである。

参考文献

阿部昌樹・馬場健一・斎藤浩編（二〇〇二）、『司法改革の最前線』日本評論社

大川真郎（二〇〇七）、『司法改革』朝日新聞社

佐藤幸治・井上正仁・竹下守夫（二〇〇二）、『司法制度改革』有斐閣

土屋美明（二〇〇五）、『市民の司法は実現したか』花伝社

日本弁護士連合会編（二〇〇六）、『弁護士白書二〇〇六年年版』日本弁護士連合会

日本弁護士連合会司法改革実現本部編（二〇〇五）、『司法改革』日本評論社

第6章　生活者がつくる「持続可能な社会」

——消費者団体訴訟制度を生かす

高　巖

本章では、持続可能な社会をつくっていく上で、生活者は、特に消費者・市民として、いったい何ができるのかを探っていく。焦点は「消費者団体訴訟制度」と「消費者支援基金」に向けられるが、これを実質的に機能させるには、つまり、悪質な事業者を市場から追放するには、消費者・市民の意識改革が求められる。第一は、マスコミ報道だけに左右されず、企業の取り組みや姿勢を総合的に見ること。第二は、良識的な事業者に社会的な貢献があれば、これを率直に認め評価の声を上げること。第三は、単なる傍観者・批評家ではなく、自分の社会は自分でつくるとの気概を持って具体的な行動(例えば、社会責任投資)を起こせる実践者となること。

一　「持続可能な社会」と生活者にできること

私たち誰もが「自分の生活する社会は、人に優しく、安心できる場所であってほしい」と望んでいる。また「互いを認め、尊重し合い、自らの可能性を発揮できる社会であってほしい」と期待している。そうした社会は、皆に支持されるわけであるから、「長く持続できる」という意味で、「持続可能な社会」と言うことができよう。

例えば、高齢者などを騙して高額な住宅リフォームを勧める業者が利益を上げる社会は、持続可能とは言えないはずだ。「アンケート調査に協力ください」と言って若者を密室に誘い込み、高額な教材を買わせる業者が利益を上げる社会も、決して望ましい社会とは言えない。判断する力が不十分な社会的弱者を守るために設けられた後見人制度であるが、これを悪用する者が被害者の財産を勝手に詐取するとすれば、こうした社会的欠陥はすぐにでも正されなければならない。

逆に、事業者の「善意」（一般的な意味での「善良な心」）が正しく伝わらず、またその結果、社会や消費者に評価されず、善良な事業者が市場から姿を消すとすれば、どうであろうか。テレビ局の捏造報道で事実が歪められ、あるいは問題点が過大に誇張され、企業の業績が大きく傾くとすれば、どうであろうか。

騙し合うこと、人格が軽視されること、情報を歪めること。こんなことが日常化した社会に、住みたいと思う人は、まずいない。私たちは、やはり、生活者に優しい、安心できる持続可能な社会に住みたいと望んでいるはずである。

1 「持続可能な社会」は、単に与えられるものではない

ただ、ここで考えなければならないのは、持続可能な社会というものは、誰かが私たちに一方的に与えてくれるものではない、ということである。例えば、誰もが文化的な生活を望んでいるため、それを基本的な権利として国民に与えるとしよう。しかし、権利を与えただけで、誰もが文化的生活を営めるというわけではない。文化的な生活を実現するためには、例えば、それに必要な資金が必要となる。資金的な裏付けなしに、文化的生活を保障することはできない。そこで、国民がその資金を負担することになる。いわゆる「納税の義務」である。「税金は納めたくないが、文化的な生活だけはしたい」といった勝手な論理は、通用しない。

持続可能な社会の実現についても同様のことが言えよう。それは、誰かが一方的に提供してくれるものではないということである。ただ待っていれば、市民には、そうした社会が与えられるというものではないということだ。もちろん、これに関し、政府や公益団体の果たす役割は大きく、生活者としての市民は、それに多くを期待しよう。ただ、それだけで持続可能な社会ができるわけではない。そこに、生活者が、市民として、消費者として、担うべき役割や責任があることを忘れてはならない。

それでは、具体的にどのような役割や責任があるのか。これを理解するため、まず手始めに、容器包装リサイクルの問題を考えてみよう。

2 容器包装のリサイクル法の例で考えてみる

事業者が使用している容器包装のリサイクルを推進するため、政府は「容器包装リサイクル法」を制定し、さらにそれを促すための専門機関（財団法人日本容器包装リサイクル協会）を設立した。リサイクルを軌道に乗せるため、この機関は、毎年、各事業者の容器包装使用量を確認し、その使用量に応じてリサイクル費用（再商品化委託料）を徴収する仕組みとなっている。

法律をつくること、専門機関を設けること、事業者の公平な費用負担を実現すること。これらは、基本的に、政府の役割であり責任である。一方、事業者は、使用した容器包装の使用量を正しく把握し、それに基づいて委託料を支払うこと、容器包装使用量を減らすための措置を講ずること、などを期待される。言葉を換えれば、これらが、事業者の役割であり、責任となるわけである。

さて、ここでの問題は、政府と事業者だけに任せておけば、すべてうまくいくか、ということである。例えば、事業者が支払うリサイクル費用は、事業者による自己申告が前提となっているため、中には過少申告し負担を軽減しようとする事業者（悪質な事業者）も出てこよう。特に、リサイクル費用は、年々、上昇しているため、多くの事業者が過少申告の誘惑にかられる。こうした状況であるにもかかわらず、善良な事業者は、事実をありのまま報告し、応分の費用を負担しようと努める。

「支払って当然」と言われれば、そのとおりであるが、こうした状態が放置されれば、善良な事業者は、過少申告する業者との競争に敗れ、市場から姿を消してしまうかもしれない。もしそういうことになるとすれば、これは、私たちの望む結果ではないはずだ。善良な事業者には是非とも生き残ってもらいたいというのが、良識ある市民の願いであろう。

3　生活者にできること

では、市民の希望通り善良な事業者に生き残ってもらうためには、方法としてどのようなものが考えられるのか。コスト面だけで言えば、過少申告する事業者のほうが明らかに優位な状態にあるが、善良な事業者が過少申告以外の方法で競争に勝ち残るとすれば、詰まるところ、それは使用する容器や包装の分量を大幅に減らしていくこと以外に方法はない。

そこで、善良な事業者が容器包装の使用量を減らし、簡便な包装の商品を市場に供給し始めるとしよう。包装が簡便になれば、袋の中身が少なくなったように見え、衛生面でも問題があるかのように感じられるようになろう。そうなると、果たして消費者はこうした商品を手にしてくれるのであろうか。単純に考えれば、大半の消費者は、これを敬遠し、過重包装の商品を選ぶことになる。事実、多くの事業者は、消費者をそのように捉えており、その結果、容器包装の使用量を大幅に減らすことができず、四面楚歌の状況に置かれている。

市民・消費者としての生活者は、こうした状況に風穴を開ける重要なプレイヤーとなりうることをここで強調したい。生活者が事業者の取り組みを評価し、簡便な包装の商品を支持・購入すれば、善良な事業者は四面楚歌の状況から抜け出し、社会としてもリサイクルが一気に進むことになるからだ。このように、持続可能な社会をつくる上で、生活者は、私たちが通常考えている以上に、大きな役割を演じうるのである。

二　大手語学学校に見る消費者問題

容器包装のリサイクルを例に、生活者が重要な役割を果たしうること、善良な事業者を応援できることを説明したが、こうした役割は、消費者問題の解決に関しても同様に担うことができる。特に、悪質な事業者を排除するという場面で、生活者は、非常に重要な役割を演ずることができる。これを理解するため、以下に具体例を挙げておこう。

1　大手語学学校に対する業務停止処分

例えば、二〇〇七年六月、日本の大手語学学校（悪質な事業者）が特定商取引法（以下、特商法）の法令などに違反し、経済産業省より厳しい行政処分を受けた。その違反は以下のようなものであった。

不実の告知　同語学学校が「予約は好きなときに」「クーリングオフはできない」「入学金は無料」などと勧誘の際に様々な嘘をついていたこと。こうした行為は、成人対象の英会話コースのみならず、子供向けのコースでも行われていた。子供向けコースでは、契約時に入学金や月謝三カ月分など計五万円以上を請求していた（特商法の規制対象となっていた）が、語学学校側は「月謝制なので、クーリングオフでき省の許可を得ている」との虚偽の説明まで行っていた。

重要事項の不告知　同語学学校がレッスンの予約がとりにくいことを知りながら、勧誘時、これを受講者に告げなかったこと。同校は一九八一年に大阪で第一号教室を開設し、その後「一〇〇〇教室達成」をスローガンに拡大を続けてきた。その結果、二〇〇五年には、八〇〇教室を抱える企業にまで成長した。しかし、十分な教育体制を整えることなく（上場以降、講師数は減少傾向にあった）、教室数と受講者数だけを増やしたため、いつでも受けられるはずのレッスンは、慢性的に予約がとれない状況となっていた。同校は、この事実を受講者に告げず、契約を取り続けていた。

誇大広告　同語学学校が誇大な広告を行っていたこと。学校側は、例えば、「キャンペーン実施中」「先着一〇名様まで！　入学金ゼロ円＋レッスン料最大一〇％ＯＦＦ」などと謳った広告を打っていたが、実際には、年間を通じて入学金は免除され、また一〇人を超えても受け付けを行っていた。

書類記載不備　契約書面などで、サービス開始日を契約前の日付とした記載があったことなど。受講者の中には、説明を聞きに行った際、学校側より名前や住所の記載を求められた人もいた。同校は、いくつかの契約に関し、この説明実施日（名前や住所が記載されているもの）をもって契約日としていた。加えて、クーリングオフなどの記載にも不備があった。

解約時の債務履行拒否など　学校側が「中途解約の際、無料」と言っていたはずの入学金を、実際には差し引いていたこと。また、同校の解約精算金規定が受講者の自由な解約権行使を制約する形となっていたこと。このほか、レッスンのポイントに有効期限を設定し、予約がとれない状況であったにもかかわらず、ポイントを失効させていた。

関連商品をめぐる債務履行拒否　中途解約時にテレビ電話装置や未使用の教材といった関連商品を返却しようとしても、学校側は返金に応じなかったこと。特商法では、サービスの提供に必要な商品を「関連商品」と呼び、消費者が契約後八日以内なら無条件で解約できる「クーリングオフ」の制度を利用する場合（また中途解約する場合）、事業者はこれに応じなければならない。しかし、テレビ電話システムを使った「お茶の間留学」というレッスンでは、学校側は、高額なテレビ電話装置について「解約の対象外」などと主張し、返金には応じていなかった。また未使用教材も、パッケージの一部を開封しただけで、返品を認めず支払いには応じていなかった。

2　語学学校に対する行政処分

以上のような行為が長年繰り返されてきたため、経済産業省は、同校に対し、長期コースの新規契約など一部業務を六カ月間停止するよう命じた。また同省の立入検査で、全国の教室に違法な契約方法や苦情対応を指示したマニュアルが発見されたため、きわめて悪質な「会社ぐるみの不正」と判断し、約二年間、四半期ごとに、同校の苦情対応状況を同省へ報告するよう命じた。こうした処分によって、とりあえず被害の拡大を防止することになったが、ここで、思考を止めてはならない。

なぜなら、語学学校問題は、日本社会が抱える消費者問題の氷山の一角に過ぎないからである。また今回の行政処分が出される数年前の段階で、同校問題は、消費者団体の間で頻繁に取り上げられていたからである。最後の最後になって、ようやく経済産業省が動いたわけであるから、表に出ていない問題は山とあるはずだ。

冒頭でも述べたように、「人に優しく、安心できる社会であってほしい」「互いを認め、尊重し合い、自らの可能性を発揮できる社会であってほしい」と私たちは望んでいるはずだ。そうした社会こそ「持続可能な社会」であると信じているためである。ところが、実際には、「不実の告知」「重要事実の不告知」「誇大広告」などがまかり通り、しかもこれを当たり前のように行う悪質な事業者が利益を得ているとすれば、また政府がそうした業者を簡単に市場より排除できないとすれば、これは、持続可能な社会に対する重大な挑戦である。

それゆえ、この大手語学学校の問題をもっと広い視点で捉え直し、この種の問題が出てくる社会的背景を理解しておく必要がある。そして、この理解の上に「私たちの社会には、今どのような制度が望まれるのか」「そこにおいて消費者・市民としての生活者は、いったいどのような役割を演じうるのか」を考えたい。

三　背景にある構造的問題

では、語学学校問題で見られたような消費者被害は、なぜ起こるのか。同種の被害は、今後も起こりうるのか。それらの問いに答えるには、背景にある三つの構造的問題を理解しておかなければならない。

1　行政のスリム化と事後チェック

第一は、政府が行政のスリム化を進めていること。かつては、消費者保護基本法（一九六八年制定）という法律があって、消費者の利益は政府が保護するものと明確に規定されていた。しかし、保護の名の下に、政府は肥大化し続け（保護や安全確保を目的として、各種の外郭団体を創設してきたことなど）、このまま行けば、財政の破綻もありうる状況にまで来てしまった。それゆえ現在、政府は、できるだけ行政部門を小さくする努力を続けている。その過程で、保護基本法も、消費者の自立に重きを置いた「消費者基本法」（二〇〇四年公布・施行）へと抜本改正された。

第二は、政府が「事後チェック」に力を入れ始めたこと。これまで政府は、民間の事業者と相談しながら利害調整を行ってきたが（事前調整や事前承認といった行政手法）、それが政府と民間の癒着を招きかねないということで、今では、政府は「事後チェック」に徹すべく、自らの姿勢を転換しつつある。事後チェックとは、ルール違反などがあれば、容赦なく問題事業者を「市場より追放する」（厳しい処分を下す）という行政手法であるが、これは、消費者行政においても例外なく採用されている。

ただ、ここでの問題は、果たして政府をスリム化しながら事後チェックをうまく機能させうるのか、という点にある。大手語学学校の例で言えば、経済産業省が処分（事後チェック）を行うまでには実に多くの時間を費やした。なぜそんなに時間がかかってしまったのか。その理由は、結局、同省の担当部署に十分なスタッフがそろっておらず、機動的な態勢ができあがっていなかったことにある。

2　少額被害であること

第三は、被害に遭っても、多くの場合、消費者が泣き寝入りしてしまうこと。確かに、法律上、損害を被れば、誰もが加害者や債務者に対し損害分を請求することができる。しかし、損害額が数万円程度にとどまれば（被害額が少額であれば）、たとえ裁判に勝ったとしても、訴訟費用や弁護士費用を支払うことで、逆に損失を被るおそれもある。そのため、多くの被害者は「今回はよい社会勉強になった、今後は同じような過ちを繰り返さないよう気をつけよう」と反省してしまうものである。被害者がこれで納得すれば、「彼にとっての問題は決着」ということになるかもしれないが、社会全体から見れば、問題は何ら解決していない。被害者が問題に関し声を上げないため、悪質な事業者は、前述の語学校がそうであったように、不正な行為を別の消費者に対しても繰り返し（不実の告知や重要事項の不告知などを続け）、全国津々浦々にまで、被害を広げていくことになる。

第三の「一人ひとりの被害額は少ないが、多数の消費者が被害を受ける」（少額多数被害）という問題は、日本だけでなく、アメリカやヨーロッパにおいても同様に起こっている。このため、例えばアメリカでは、少額多数被害問題を解決するために「クラスアクション」と呼ばれる制度が導入されている。

同制度の特徴は、被害を受けている消費者の一人（訴訟を提起する代表者は、基本的に同一クラスに属する者であれば誰でもよい）が同じ被害者グループ（同じクラス）を代表して損害賠償請求を行うこと、またそれゆえ、被害者数が大きくなればなるほど、賠償請求額が膨らんでいくことにある。仮に同じクラスの被害者が訴訟への参加を望まない場合には、訴訟を提起する代表者に対し「除外」の申し出をすることになっている。仮に意思表明がなければ、自動的に被害者グループに加えられ、その代表者が受けた判決に拘束されることになる。それゆえ、クラスアクションにおいては、悪質な事業者に対し損害賠償請求訴訟を簡単に起こすことができる。加えて、懲罰的賠償も認められるため、実質的な損害額を超えた桁違いの支払命令が出る可能性がある。

四 消費者団体訴訟制度の可能性

もちろん、日本にも被害者が集団で事業者に対し損害賠償を請求することはできるが、一般に、同様の被害に遭っている人全員を見つけ出すことが難しく（全員の損害を把握し請求できないため、あるいは授権された選定当事者の存在を被害者に知らせることが難しいため）、また懲罰的賠償という考え方も導入されておらず、現状では、結局、悪質な事業者に十分なダメージを与えることはできない。この意味で、日本でも「米国並みのクラスアクション制度を導入すべき」との声も時として聞かれる。

ただ、他方で「同制度では勝ち取った賠償金を公平に分配することが難しい」とも言われており、弁護士報酬が賠償額や和解金額に連動して決まるため、産業界からは、弁護士主導の濫訴を招く危険性があるといった警戒の声が上がっている。

クラスアクションをめぐるこうした限界や批判を踏まえ、ドイツやフランスなどのヨーロッパ諸国では、これとは別のアプローチを採用している。それは、消費者団体の役割を重視し、事業者との対話によって問題を解決しようとする制度で、「消費者団体訴権制度」と呼ばれているものである。もっとも、対話を重視すると言っても、実際には「対話に応じない悪質な事業者」もいるわけであるから、同制度では、消費者団体に消費者の利益を代表して「訴訟を提起する権利」（訴権）を与えている。

1　消費者団体訴訟制度とは

二〇〇七年六月より、日本でも、このヨーロッパ型を雛形とした「消費者団体訴訟制度」（根拠となる法律は改正消費者契約法）が動き出した。すでに、消費者問題の背景にある構造的問題として、第一に小さな政府をつくろうとしてきたこと、第二に行政は事後チェックに力を入れ始めたことを挙げたが、消費者団体訴訟制度は、民間が主体的に問題解決に動くことで「小さな政府の限界」を補うことになり、また民間のネットワークを通じて問題情報が吸い上げられるため、「政府の事後チェック機能」を補うことになると期待されている。

では「消費者団体訴訟制度」とは、具体的にどのようなものなのであろうか。今、ある事業者が消費者契約法に違反する契約条項を使っている、あるいは違反する勧誘を行っているとしよう（なお、「差止め」〔強制的にやめさせること〕の対象となる行為については、消費者契約法における違反行為にとどまらず、他の消費者法で規定される問題行為にまで広がる可能性がある。すでに公正取引委員会が景品表示法に、また経済産

差し止めの対象となる「消費者契約法」に違反する行為

・不当な契約条項→無効
　事業者の損害賠償を免除する条項
　消費者が支払うべき違約金等の額を過大に設定する条項
　信義則に反して消費者の利益を一方的に害する条項
・不当な勧誘行為→取消
　消費者を誤認させるような勧誘
　　不実告知、断定的判断の提供、不利益事実の不告知
　消費者を困惑させるような勧誘
　　不退去、監禁

業省が特商法に導入する意向を示している)。例えば「必ず儲かりますよ」(断定的判断)などと言って、消費者に誤認を与えるような勧誘を行っている、重要事項に関し一切触れないで(事実の不告知)、ある商品を販売しているとしよう。そしてその結果、商品を購入した消費者が被害を受けているとしよう。すでに触れたように、被害者が出ているにもかかわらず、この事業者の販売行為を差し止めることができなければ、被害は全国に広がっていくことになる。

こうした状況で、もし消費者団体がリーダーシップを発揮し、問題事業者に是正を求めることができるとすれば、どうであろうか。同様の被害がこれ以上広がらないよう、消費者団体が問題事業者に対し、勧誘行為を差し止めることができたらどうであろうか。

一般の事業者が、無知から不当な契約条項を約款の中に盛り込んで販売活動を展開している場合、消費者団体よりこれに関し助言や指摘を受ければ、これを改めることになろう。販売員への指導不足で誤解を招くような勧誘が行われていたことを消費者団体の指摘で把握すれば、一般の事業者はこれを改善するはずである。消費者団体がリーダーシップを発揮し行動を起こせば、何も大きな政府をつくらなくても、状況は大幅

に改善されるわけである。

ただし、悪質な事業者の場合、消費者団体が対話を通じて現実的な是正を求めたところで、これにはなかなか応じないはずである。一般に、悪質な事業者は消費者団体側からの対話を無視し、しかも不正な行為を意図的に繰り返すため、指摘事項を素直に認めることはまずないであろう。そこで、消費者団体は、最後の手段として「差止請求権」を行使し、不当な約款の使用や勧誘行為を差し止めることになる。この最後の手段を法的に裏付けたのが、消費者団体訴訟制度である。

言うまでもなく、これは、消費者・市民にとって歓迎すべき制度であるが、事業者にとってはどうであろうか。悪質な事業者であれば、この制度の導入には反対しようが、良識的な事業者はどうか。同制度は、不公正な方法で利益を上げようとする事業者を市場から排除するものであるため、当然、これを歓迎するはずだ。

2 消費者団体の顔をした反社会的勢力

ところが、実際には良識的な事業者もこの制度に若干の不安を抱いている。それは「反社会的勢力と言われるグループが消費者団体を設立し、恐喝目的などで事業者に対し差止請求の訴えを起こすのではないか」という不安である。ただ、これはまったくの誤解に基づく懸念に過ぎない。なぜなら、政府による厳格な審査を得た上でしか、訴権を認められる「適格消費者団体」となることができないからである。

審査の基準は、二〇〇七年二月に制定された「適格消費者団体の認定、監督等に関するガイドライン」

（同年六月施行）に詳述されている。同ガイドラインの目的は「消費者契約法、消費者契約法施行規則に基づく申請に対する審査並びに適格消費者団体に対する監督及び不利益処分の基準等を明らかにすることにより、法及び規則を適切に実施し、適格消費者団体の業務の適正を図ること」となっている。

具体的には、次の事項を一つひとつ審査し、仮に不十分と認められる点が一つでもあれば、適格団体として認定しないことになっている。特に「②団体の目的及び活動実績」や「⑤差止請求関係業務を適正に遂行することができる専門的な知識経験」を審査するわけであるから、この段階ですでに反社会的勢力は対象から除外されることになる。仮にこれらをすり抜けたとしても「⑨暴力団員等がその事業活動を支配する法人」という基準でもって、反社会性は完全に排除されるはずである。

① 法人格
② 団体の目的及び活動実績
③ 体制及び業務規程
④ 理事及び理事会
⑤ 差止請求関係業務を適正に遂行することができる専門的な知識経験
⑥ 経理的基礎
⑦ 差止請求関係業務以外の業務
⑧ 業務規程の記載事項

⑨　暴力団員等がその事業活動を支配する法人

もっとも、反社会的勢力が間接的な形で消費者団体に影響力を行使する可能性も残されているため、「支配する」という言葉に関し、同ガイドラインは次の規定を設けている。すなわち「『支配する』とは、議決権を背景として当該団体の業務に重大な影響力を及ぼしている場合のみならず、融資（間接融資を含む）、人材派遣、取引関係等を通じて当該団体の業務に重大な影響力を及ぼしていると認められる場合を含み、実質的に判断する」と規定している。

加えて、一度、適格消費者団体に認定されれば、それで終わりというものではない。これは、消費者団体側に大変な負担を強いることになるが、認定後も、行政が立入り検査などを実施し、適格団体の活動をモニターし、要件を満たさないと判断すれば、すぐに改善命令や適格団体の取消を行うことになっている。

これらの要件が課されているため、「一般の事業者が本制度に関し不安を覚える必要はまったくない」と言ってよかろう。むしろ、市場の健全化が進むため、つまり、ルールに違反する悪質な事業者が早い段階で市場より排除されるため、一般の事業者はより明確な形で正当なビジネス・チャンスを得ることができるようになる。その意味で、消費者団体訴訟制度は、消費者・市民のみならず、事業者にも歓迎されるべき制度と言えるわけだ。

五　消費者団体訴訟制度の残された課題

　ところで、この制度は期待通りにうまく機能するのであろうか。制度として実際に動かしてみなければ、その正否は依然としてわからない。二〇〇七年一一月時点で、すでに二つの消費者団体（消費者支援機構関西、消費者機構日本）が適格団体として認可され、さらに六団体が申請を計画しているところである。これら消費者団体が適格団体として活動し始めることで、消費者被害の拡大に歯止めをかけることができると予想されるが、その結論は、今後の活動を見てから述べるべきであろう。

1　適格消費者団体の財政上の不安

　活動上の問題として、例えば「情報収集や訴訟において消費者団体間の連携がうまくいくのか」「国民生活センター（消費者の苦情を収拾分析している公的機関）が抱えている被害情報を適格団体がうまく活用できるのか」などの情報収集に関し懸念があり、それ以前にそもそも、「活動を展開する上で、消費者団体は財政的に耐えうるのか」という基本的な前提に不安があることを指摘しておかなければならない。

　「どうしてこれが不安なのか」と言えば、適格消費者団体に与えられる訴権は「差止請求権」であって、損害賠償請求や不当利得の拠出請求などの金銭請求権を含んでいないからである。簡単に言えば、消費者団体が積極的に活動を展開し、問題行為を差し止めるための訴訟を起こせば起こすほど、団体は、訴訟費用や弁護士費用を負担しなければならず、結果として財政的に細っていかざるを得ないからだ。この問題は、適格消費者団体が活動を本格化していない現段階でも、十分、予想しうるものである。

もっとも、ここで一気に「消費者団体に損害賠償請求権まで認めればよい」との主張が出てくるかもしれないが、多くの関係者は、日本をアメリカのような訴訟社会にしたいとは考えていない。依然として、事業者の善意（良識や善良な心）を信じ、それを根拠とした社会システムを構築したいと考えている。

また理論上も、損害賠償を請求できるのは、あくまでも損害を被った当事者の消費者自身であって、被害を直接被っていない消費者団体は損害賠償請求する権利を有してないと考えられる。それゆえ、消費者・市民は知恵を出し、現行の消費者団体訴訟制度が機能する仕組みを構想し、これを実際に動かしていかなければならないのである。ここに生活者がつくる「持続可能な社会」という意味がある。

2　消費者支援基金とは

では、同法制を機能させる上でのアイディアとしてどのようなものがあるか。誰もが考えつく仕組みは、おそらく、差止請求権の行使に関し発生した費用を第三者機関が負担する、あるいは補助する、というものであろう。事実、その役割を担うため、「消費者支援基金」という第三者機関が二〇〇四年一一月に設立された。

現在、同基金の管理は「ＮＰＯ法人企業社会責任フォーラム」（阿部博人代表理事）が行っているが、基金の収支は、同フォーラムの会計と明確に分けられている。例えば、支出に関する重要事項などは、すべて基金独自の「運営委員会」（委員長は一橋大学大学院法学研究科の松本恒雄教授）が決定することになっており、資金の出入りは、毎月、ネット上に開示されている。これは「消費者・市民、そして事業者の信頼を得るには、ディスクロージャーを徹底する以外に方法はない」と考えた上での措置である(http://www.csr-forum.gr.jp/crpf/)。

ただし、ここで考えなければならないのは、支援基金に対し「いったい誰が資金を拠出するのか」という問題である。国については、財政健全化を旗印にスリム化を進めているわけであるから、支援基金に対し改めて資金を拠出する余裕はない。よって、これは民間自身の課題として、クリアしなければならないハードルとなっている。

結論から言えば、財政問題の解決は、第一に「事業者の善意」に、そして第二に「市民の善意」に期待するほかない。「なぜ最初に事業者の善意に期待するのか」と言えば、日本では、産業界の意向を受けて、法人に対する法規制などが非常に緩くつくり上げられてきたからである。中には「日本の法制度は厳しい」と考える企業もあろうが、全体として見れば、日本では、企業性善説を前提として、つまり、良識的な企業を想定して法制度が構築されてきたため、法人に対する罰則、行政処分、民事責任などは、比較的緩いと言わざるを得ない。産業界がこの緩さを歓迎しないはずはない。

しかし、産業界の利益を重視して緩い諸制度を設けた結果、日本社会は副産物として「悪質な事業者が跋扈《ばっこ》する市場」をつくってしまった。それゆえ一方で、このメリットを享受している産業界は、他方で消費者の利益を守る仕組みの構築・維持に寄与せざるを得ないのである。

もっとも、こうした主張は一般論としては説得力を持つかもしれないが、個別企業を動かすほどの力は持っていない。「話はわかるが、負担するのは自分ではなく別の企業に言ってくれ」「自分だけが負担すれば、同業他社との秩序を乱すことになる」「この話は業界団体にしてもらえないか」、さらには、業界団体より「うちの団体だけが負担すれば、他の業界団体との秩序を乱すことになる」「この話はさらに上の経済団体にしてもらえないか」などと言われるのが関の山だ。

それゆえ、事業者の善意に関しては「消費者支援基金が株式会社西友のある店舗で起こった事件を契機に構想され、最終的に企業の善意を消費者の利益につなげるための受け皿として設立されたこと」だけを指摘し、そこから先は、各企業が自由に議論を深め、自らのとるべき行動を考えてもらいたい。

3　西友の決断を評価したい

一般に、誠実な事業者は、自らの不手際により不適正な利益が生じた場合、その事実を公表し、関係者にこれを返金する。ところが実際には「社会的な障害」が存在し、事業者によるそうした行為は失敗に終わることが多々ある。このことを世に思い知らせたのが、二〇〇二年に西友が行った返金行為であった。

同社は、北海道の店舗で肉の産地偽装があったことを確認し、この事実を主体的に公表した。そして、産地偽装によって得た利益分は、本来、西友に属するものではないと判断し、これを購入した消費者へ直接還元しようとした。ここで問題となったのが、過去一年間のレシートを大切にとっている消費者など誰もいなかったということである。

過去の購入事実を証明するものがなければ、結局、返金を行うことはできない。そこで、西友側は消費者による自己申告を受け付けること(消費者を信頼すること)とし、これに基づいて返金を行うとの方針を打ち出した。言うまでもなく、産地偽装があったこと自体は厳しく責められなければならない。そうした行為は、いかなる理由があろうとも正当化されない。しかし、不正の事実を自ら公表し、不適正な利益を本来の消費者に返すとの決断は、企業倫理の観点から見て十分に評価されるべきものであった。

誰でも間違いはある。消費者でも、多くの過ちをいろいろな場面で犯しているはずだ。子供の年齢を誤魔化して安い運賃で交通機関を利用する人もいる。小売店が誤って余計に釣銭を払ったとき、それに気づいても、黙って懐に入れてしまう消費者もいる。仮に、そのような消費者が「これは過ちでした」と言って相手側に申し出、本来の義務を果たすとすれば、これは評価すべきことではなかろうか。それと同じ意味で、西友の行動は評価に値すると言いたい。

ところが、西友のこうした決断と行動は、見事に、詐欺的・欺瞞的な暴徒・集団によって踏みにじられた。最初のうちは、一般の消費者が列に並んでいたが、やがて、悪意を持った若者たちが並び「ここに来れば、カネがもらえるぞ」と携帯電話で仲間を誘い、お金を受け取っていった。最後には、反社会的な集団まで列に加わり、上納金を受け取るという形で、同じ人間を何度も並ばせながら、お金を騙し取っていった。言葉を換えれば、西友の善意は、良識的な消費者の利益にはつながらず、結局、悪意の暴徒を利するだけとなった。

4　企業の善意を受け止める枠組み

欺瞞的・反社会的な輩が集まってきたとき、西友経営陣は「列の中に一人でも一般のお客様がいらっしゃれば、最後まで返金を続けなさい」と指示し、これを続行したと聞く。事業者でも消費者でも、普通の考え方の持ち主であれば、誰であろうと、このときの西友の無念さ・悔しさは十分に理解できるのではなかろうか。

これに関しマスコミは、西友の行動を「稚拙な対応」と揶揄したが、彼らもただ批判的なコメントを出すだけで、それにかわる有効な方法を提案することはなかった。こうした事件は特殊ケースと一蹴されるかもしれないが、実は同種の事件は、可能性としていずれの事業者にも起こりうることである。

例えば、現場担当者が、時間を節約するために、強化加工しなければならない消費財を強化加工せず出荷したケース。現場責任者が、厳密な監査を実施せず、近隣の河川に有害物質を垂れ流していたケース。現場担当者が、記事を捏造し報道していたケース。いずれの場合も、被害を与えた人を特定できれば、各人に対し適切な措置をとることもできようが、被害者を特定できなければ、問題はそのまま放置され、結果として不適切な利益が企業に残ることとなる。善良な事業者であれば、これを好まず、何とか被害者に、あるいは社会に還元したいと考えるはずである。

逆説的な言い方ではあるが、コンプライアンスの徹底に努め、誠実に経営を行おうとすればするほど、自らの問題を発見する可能性は高まってくる。誠実な会社をつくるための仕組みがより効果を発揮するようになれば、組織内の問題は迅速に把握され、また発見された問題が消費者などの利害関係者に悪影響を及ぼすようなものであれば、その事実を主体的に公表するからだ。西友の例でもわかるように、受けるべきでない不適正な利益が発見されれば、その事業者は、勇気を持って公表し、本来の消費者にこれを還元しようとするものである。

しかし、これまでの日本社会には、善意の事業者が善意の消費者に対して「不適正な利益」を還元するための社会制度は存在しなかった。消費者支援基金は、この制度的欠落を埋めるために構想されたもの、善意と善意をつなぐための知恵として用意されたものである。その意味で、消費者支援基金は、日本社会にとって、そして善意の企業にとって、望まれるべき受け皿になりうる、と言いたい。

六 生活者にできる意識改革

さて、第一の「事業者の善意」について言及したが、第二の「市民の善意」についてはどうか。筆者は、持続可能な社会をつくるために生活者ができることとして、三つの意識改革があると考えている。そして、三つのうちのいずれかは、市民の側に善意があれば、それほどの苦労もなく、簡単に実践できると思っている。

1 企業側の対応を全体として見る

意識改革の第一は、企業側の対応を全体として見る、という意識改革である。西友の例で言えば、生活者は「出てきた結果（偽装があったという事実）だけで企業を評価するのはやめよう」ということだ。結果だけでなく、公表に至る企業側の独自の判断（消費者の自己申告を認めたことなど）、また公表後の企業側の対応（返金を最後まで続けようとした姿勢など）も含めて総合的に評価することが生活者に求められている。なぜ、この点が重要かと言えば、消費者・市民がマスコミを通じて入手する情報は必ずしも中立・公正ではないからである。

例えば、ある事業者が、不注意から何らかの問題を起こし、これを迅速かつ正確にマスコミに公表したとしよう。このとき、情報を最初に得た記者がどのように記事を書くかで、あるいはどのような見出しをつけるかで、読者に与える企業イメージはまったく異なってくる。「△△社、××問題が発覚」とするか「△△社、社内調査で××問題を発見し公表」とするかで、おそらく、読者の印象は、大きく違ってくるはずだ。

確かに、多くの新聞記者は意識が高く、強い正義感を持っている。しかし、彼らもただ単に正義感だけで記事を書くわけではない。新聞社として、他社よりも先に、より詳細に、しかもセンセーショナルに情報を発信したいと考えている。つまり、市場原理に従い競争しているわけだ。またそれゆえ、残念なことではあるが、時として記者の中には「どんなことをしてでも新しい記事を取ってこい」と迫る上司に圧され、記者としての倫理を忘れ、根拠のない取材メモを作成したり、さらには発言内容の語尾に「『……』と言って、質問をかわした」などと勝手な文章を追加し読者の印象を誘導する者も出てくる始末だ。テレビ局に番組を提供する制作会社が「やらせ番組」を作成するのも同根であろう。

ひるがえって、それらの情報を受ける側の消費者・市民のことを考えてみよう。新聞社間での競争に勝つため、記事はセンセーショナルに書かれる。これを目にした読者が短絡的に「何て企業だ、もうあそこの商品は購入しない」などと言って、過剰に反応したらどうなるか。記事はさらにエスカレートするかもしれない。これが時として、全国規模のボイコットにまで発展していくわけだ。こうした状況がたびたび起こるとすれば、事業者のコンプライアンスへの取り組み、特に情報開示という企業姿勢は一気に後退してしまうことになる。

当然のことながら、これは消費者・市民が望む「持続可能な社会の姿」ではない。もしそうなれば、生活者は結果として、より危険な社会を、あるいは情報が隠される社会をつくり出すことになるからである。この意味で、消費者・市民には、公表された「結果」だけでなく、日常の取り組み、その公表に至るまでの企業の取り組みや姿勢、再発防止に向けての対応など、一連の「プロセス」にも注目し、企業を総合的に評価する必要がある。

2　事業者の善意を素直に受け止める

すでに「不適正な利益が企業に残ってしまった場合に活用してもらう受け皿」として、消費者支援基金が構想されたと説明したが、実際には設立後、基金は、そうした形での資金提供(不適正な利益の拠出)ではなく、企業側からのより前向きな協力により支えられてきた。まだまだ多くの企業や経営者の理解が得られているとは言えないが、基金の趣旨である「消費者団体訴訟制度を財政的に支援する必要」を理解してくれた経営者の善意で、消費者支援基金は間違いなく機能し始めている。

本基金は、まず日本ハムの藤井良清社長(現会長)の善意によりスタートすることができた。当時、小売業者や食品メーカーの多くが消費者支援基金に対し理解を示さなかったときに、まず協力の声を上げてくれたのが藤井社長であった。これに感謝しないわけにはいかない。その後、麗澤大学が追加的な寄付を行い、ダスキン、雪印乳業、ダイナムなどの経営者たちも次々と支援を表明した。彼らの善意に支えられ、消費者支援基金はようやく軌道に乗ってきたというのが実状である。

消費者・市民すべてに、一律に押し売りをするわけではないが、これらの団体や企業が寄付を行ったことに対し、各自、それぞれの立場で評価をしてもらえないものかと思う。もし日本社会に、「企業だから、当然カネは持っている」「寄付して当たり前」などと考える消費者・市民しかいないとすれば、これほど悲しいことはない。そうした意識しか消費者・市民が持たないとすれば、やがて、消費者支援基金も機能しなくなるはずである。

そもそも、そのような冷めた見方しかしない人ばかりであれば、持続可能な社会など、最初から実現不可能であろう。冒頭にも述べたように、それは「互いを認め、尊重し合い、自らの可能性を発揮できる社会」でなければいけない。それゆえ、今一度、寄付を行う企業の姿勢を、より寛大で公平な視点から見直し、評価できるものは素直に評価していこうと呼びかけたい。

企業や団体の利益とは、そこで働く人たちの大変な努力と苦労の上に初めて計上されるものである。利益は、そんなに簡単に出てくるものではない。その一部を公正な社会づくりのために提供してくれるとすれば、それは純粋な気持ちで評価すべきではなかろうか。これが生活者に期待したい第二の意識改革である。

3　投資を通じて市場を変える

消費者・市民が事業者に影響を与える直接的な方法として挙げられるのが、ボイコットとバイコットである。ボイコットは、問題企業の商品を買い控えるということであり、バイコットは、尊敬できる企業の商品を優先的に購入するということだ。これらの方法に加え、まったく新たな仕組みが二〇〇八年頃に登場する予定である。それは、適格消費者団体が外部よりお客様対応に力を注ぐ企業を評価し、この分野で進んでいる企業に優先的な投資を行うという新たな投資信託の開発・販売である。一般に、こうした投資は「社会責任投資」(ＳＲＩ)と呼ばれるが、従来になかったユニークな特徴を三つ持っている。

第一に、消費者が投資家として、間接的な形ではあるが、上場会社をして持続可能な社会の構築へと導いていくこと。お客様対応評価が高い会社の市場競争力を強化するため、投資をとおして、日本全体として、お客様対応への取り組みを促すことになる。

第二に、投資信託運用益のわずかな部分を消費者支援基金に寄付し、消費者団体訴訟制度の財政基盤強化に貢献すること。消費者一人ひとりの力はわずかであっても、この種の投資信託が動き始めれば、やがて大きな力となり、消費者団体訴訟制度を動かすことになる。なお、投資信託の場合、運用成果に応じて、投資家個人も配当を受けることになる。

第三に、評価・格付けを行う適格消費者団体の影響力が大きくなること。従来の消費者団体は、株主という立場で、企業を動かすほどの力は持っていなかった。しかし、投資信託の資産残高が大きくなれば、適格消費者団体は訴権行使という方法だけでなく、もっといろいろな形で、時には厳しく、また時には建設的に企業と対話ができるようになる。

言葉を換えれば、第三の意識改革とは、単なる傍観者・批判家にとどまるのではなく、自分の社会は自分でつくるとの気概を持って、具体的な行動(例えば、社会責任投資)を起こせる実践者となることである。

本章で見てきたように、持続可能な社会は、ただ座して待てば実現されるというものではない。事業者の取り組みを求めるだけでは不十分である。市民・消費者は、生活者として自らもその実現を促すべく行動すべきであろう。それがここに見てきた意識改革である。特に最後の投資運動は、思った以上に手軽で、その成果も大きい、と筆者は考えている。ただし、お客様対応評価に基づく投資は、あくまでも長期的な投資であって、投機(売買を繰り返すもの)として行うものではない、ということを最後に確認しておきたい。

第7章　生活者と市場

久米　郁男

本章では、資源配分のメカニズムとしての市場のメリットについて簡単に説明した上で、本書の各章の例を用いて、市場における消費者の行動が市場の失敗の解決や正の外部性の創出に貢献する可能性があること、しかし、消費者の行動がそのような貢献をなすためには、それを支えるような制度の設計や消費者による「賢い選択」が必要であることを示す。

一九九〇年代以来、「市場機能の重視と政府機能の縮小」が大きな流れとなった。「構造改革」「官から民へ」「規制緩和」と、スローガンはそのときどきに異なっていても、市場メカニズムを重視した社会の構築へという方向性は一貫していると言えよう。では、このような変化は、生活者としてのわれわれにとってどのような意味を持つのだろうか。本章では、第1章～第6章を振り返りつつ、生活者にとって市場が持つ意味を考えることとしよう。

一　なぜ市場なのか

市場メカニズムの重視という方向性に対しては、それが日本経済の効率性の向上や消費者の利益の拡大につながるという肯定的な意見がある一方で、格差の拡大や利己主義、拝金主義の蔓延につながるという否定的な意見も存在する。まずは、市場メカニズムの意義に立ち返って考えるところからスタートしよう。

1　希少資源の配分問題

われわれは日々様々な財やサービスを消費して暮らしている。スーパーで買う夕食の食材、マンションや戸建て住宅、語学学校のレッスンなど多様である。しかし、これらの財・サービスに共通する性質は、それらが希少であるということである。すなわち、これらの財・サービスを欲しいと思っている人はたくさんいるが、希望者全員に行き渡るほど財・サービスは潤沢に存在しない。そこで、われわれは、このような希少な財・サービスをどのように配分するかを決めないといけない。

2　市場メカニズムのあり方

一つの方法は、政府が誰にどのような財を配分するのが適切かを決定して、必要な財・サービスを計画的に生産し配分することである。集権的な方法であり、社会主義計画経済は極端な形でそれを目指していた。この対極にある配分方法が、市場をとおした配分である。そこでは、誰かが集権的に生産や配分を決定するのではない。生産者は自由に商品やサービスを生産してそれを売る。顧客は自分の好みに合った商品を自由に購入する。ここで重要なことは、各生産者も消費者も、自分の満足を最大化するように、まさに利己的に行動することが前提とされていることである。

消費者は、少しでもよい商品を購入することで自己の利益を最大化しようとする。生産者は少しでも利益を上げようとよい商品を生産し販売する。個々の消費者が自分にとって望ましい商品を選択することの積み上げが、消費者にとって望ましい生産者を生き残らせ、そうでない生産者を淘汰する。「消費者は王様」である。

3 電話機と市場メカニズム

かつて電話事業が電電公社の独占とされ、電話機についてそれを貸し出し制にしていた時代があった。政府独占事業としての電電公社が、「望ましい」電話機を集権的に決定して、それを各家庭に配備させていたのである。その当時は、家庭の電話機はどこでも黒電話であった。しかし、一九八六年に電電公社が民営化され、電話機も家電メーカーが自由に生産し販売することができる買い取り制が導入された。家電メーカーは、留守番電話機能や番号記憶機能のついた電話機を競うように売り出した。消費者は、その結果好みの電話機を選べるようになり、電話機自体の価格も急速に安くなったのである。ここで、もう一度強調しておきたいのは、家電メーカーは各家庭の電話機をすばらしいものにすることで社会のために尽くそうという「立派」な考えに立って、製品開発と販売を行ったのでは必ずしもないということである。そこでは、各家電メーカーが自社の利益を伸ばそうと考えて競い合っていた。そして、そのためには消費者が喜ぶような電話機を開発することが必要だったのである。市場における自由な競争があれば、各企業は利潤動機に基づいて消費者に受け入れられるような商品を供給せざるを得ない。さもなければ、企業は市場において敗退していくのである。社会にとって望ましい電話機のあり方を決定しているのは、究極的には個々の消費者の選択である。

一九九〇年代以降の市場メカニズム重視の流れは、様々な領域において消費者が選択をする自由を生み出し、自由な競争の中で生産者が社会的に望ましい形で財やサービスを供給する体制をつくり上げる努力であったと言えよう。

二　市場における消費者の役割

市場における消費者の合理的な行動が、社会全体にとって望ましい効果を生むというメカニズムは、第5章で阿部が取り上げた法的サービスの「市場」においても見ることができる。阿部は、「他者の行為によって被った損害の賠償を求めて訴訟を提起することには、私的な利益の確保ということを超えた、公共的な価値が認められる」という点を強調している。訴訟の提起には、法を有名無実化せず、実効性を有するものとして維持していくという効果に加えて、時として、法が何を命じ、何を禁止しているかを明確化することによって、将来発生する紛争の解決を容易化するという効果も伴うからである。そのため、紛争当事者が、訴訟を提起し弁護士の提供する法的サービスを購入することには、公共的な価値があるとみなすべきであると言うのである。

また、第6章で高が紹介するように、消費者が簡便な包装の商品を支持・購買し、悪質な事業者を告発することも、公共的価値を有すると理解することができる。

さて、消費者の選択の積み上げが社会に大きな影響を与えるならば、それを意図的に利用して単に安くてよい商品が供給されるような経済の実現だけではない社会的目的の実現に利用できないかという考えが出てくることになる。

1　市場の失敗としての負の外部性

純然たる市場メカニズム内においては、環境破壊のような負の外部性は解決できないと考えられる。市場の失敗と言われる問題である。企業は、自社製品の質を上げつつ低廉な価格で販売することで、消費者の支持を得て利益を上げることができる。消費者から言えば、よりよい質の商品がより安く販売されればその商品を購入することが合理的である。この取引関係で両者はそれぞれ満足しており、企業と消費者が狭い意味での自己利益に基づいて行動しているとき、この企業が製品の製造過程で環境を破壊しているとしても、それは取引に影響しない。企業とすれば、環境対策をすることでコストがかかり製品価格が上昇して利益が減ることは避けたい。消費者も、その製品の価格が環境対策のために上昇した場合、より安い他社製の商品を購入することになろう。自由な市場競争に任せておいたのでは、環境問題は解決しないのである。

2　消費者による負の外部性の克服

そこで、通常はこのような問題を解決するために、政府が環境規制をかけて市場の失敗の解決に当たる。しかし、政府の介入ではなく消費者の選択によって、このような外部性を少なくとも一部解決することが可能かもしれない。近年注目される議論に企業の社会的責任論がある。例えば、スターバックスコーヒーは、第三世界における適切な労働条件、地域社会の安定、環境保全に配慮して生産した商品であることを消費者へアピールしている。これは、企業のマーケティング戦術であるが、そのような製品を消費者が選択することによって市場の失敗を解決する手段となる可能性もある。第2章において打越の取り上げた森林認証制度は、それを企業の枠を超えて制度化する試みである。認証機関が、森林保全に配慮をして生産している林業経営者を認証して、その製品を消費者が区別できるようにすることで、消費者が購買行動をとおして森林保全に貢献することを可能にするのである。

消費者からのこのような影響力行使は、SRI（社会的責任投資）において想定されているように、社会的に望ましい事業経営を行っている企業に対して投資を行うファンドを設立することでも行われるようになりつつある。消費者には、そのような金融商品を購入することで社会的な目的の実現に寄与する道が開かれつつある。

3　正の外部性の創出

消費者による金融商品の購入、言い換えれば投資が社会目的に貢献する可能性を政府も政策的に利用している点を明らかにしているのが第4章における松井の論である。政府は、「貯蓄から投資へ」を合い言葉に、個人の意識と行動を貯蓄者から投資家へ向け、貯蓄優遇から投資優遇へ政策を切り替えることを目指しているという。その背景には、「事業に伴うリスク・チャンスは、銀行でなく市場、すなわち株式や債券等を購入する投資家が、価格メカニズムを通じて発見し、管理し、配分するべきだ」という考えがある。投資家が、規制緩和の結果生み出される多様な金融商品を購入することを通じて「今後、何が二一世紀の日本のリーディング産業になるのか不透明な状況下で、リスクマネーを効率的かつ積極的に供給し、日本企業の発展を金融面から支えていく」体制をつくるという政策目的を政府は持っている。ここでも、個々の消費者の選択が社会全体に与える集合的な好影響、すなわち正の外部性が意識されていると言えよう。

三　市場を生かす前提条件

前述のように市場メカニズムが機能するための前提は、各消費者が自らの満足を最大にするような賢い選択を行うことである。それが、企業などの生産者に「まじめに」生産をする規律を生み出すのである。しかし、このような賢い選択を行うことは実際には結構難しい。

1　選択の自由の拡大

まず、当然の前提として消費者が選択を行えるだけの財・サービス供給が存在しなければならない。電話の例を用いれば、家電メーカーが自由に商品供給を行うことが消費者による選択の大前提である。このことは、自明のように見える。しかし、この自明の前提を実現するために様々な努力が必要とされてきた。

例えば、阿部が示しているように、日本の人口当たり法曹人口は先進国の中でずいぶんと少なかった。このことが、消費者の法的サービス選択の自由を大きく制約してきたのである。司法制度改革は、法曹人口の拡大を実現することでこの選択の自由をつくり出そうとする試みでもあった。また、松井が示しているように、金融市場の規制緩和が進むことなしには、金融商品をとおして消費者が経済構造の効率化のための投資や社会的責任投資を行うことはそもそも不可能であった。

2 市場の失敗と情報の非対称性

しかし、選択の自由が存在することだけで、市場メカニズムが円滑に機能するとは考えられない。市場メカニズムが想定通りに機能するためには、商品の売り手と買い手の間にその商品についての情報が共有されていることが前提となる。消費者がよい商品を選別できることが、自由競争の前提である。本書が冒頭に取り上げたマンションの耐震偽装問題は、マンションの買い手が、当該マンションの耐震強度という情報を正しく知り得なかったことに原因がある。マンションの売り手と買い手の間に情報の非対称性が存在していたのである。「安くて広い良質なマンション」という情報のみに基づいて、耐震強度を犠牲にしているという情報を知り得ずに多くの消費者が偽装マンションを購入することは、直接的に消費者の利益を損ねるだけでなく、必要な耐震強度を確保したマンションとの価格差を生み出すことで質の高いマンション業者を競争上不利にし、適切なマンション市場をゆがめてきたのである。

前に見たように消費者の選択によって社会的に望ましい目的を実現できる可能性がある一方、そのための前提条件として「情報の非対称性」への対応が求められている。森林認証制度は、林業者自身ではなく民間第三者機関が介在することで、消費者が適切な情報に基づいてより正確に商品を判断できる仕組みである。

第3章において畑中が取り上げた医療評価は、情報の非対称性が最も高い領域の一つと考えられてきた医療「市場」において、サービスの買い手である患者にサービスの売り手である医師・医療機関に対する情報を公開することで情報の非対称性を減らしていく試みである。医療機関や医師も、十分な情報を持った患者による選択にさらされることで、サービス内容を向上させるだろうと期待できるのである。

しかし、実際には情報の非対称性の問題を完全に解決することはできないだろう。例えば、金融商品のように多様で複雑な商品の場合、情報の非対称性は当然大きい。これを解決するためには顧客に対する説明義務を強化するという方法がある。しかし、松井も指摘するように、高度な金融商品について顧客への説明義務を初心者にもよくわかるレベルで行うように規制を強化すればリスクの高い金融商品を提供するコストは過大になり、本来そのような商品を購入する知識・経験のある顧客にコストを転嫁し効率性を損ねるかもしれない。トレード・オフが存在するのである。

3 紛争解決の仕組み

では、消費者が業者の不適切な説明や、場合によっては詐欺的なセールストークによって商品を購入して損害を受けてしまった場合、どうすればいいのだろうか。業界団体や国民生活センターによる苦情処理や紛争解決のメカニズムもあるが、それだけでは十分ではないかもしれない。この問題が近年深刻になっている構造的な原因を、高は以下の三点にまとめている。第一に、政府が行政のスリム化を進めていること、第二に政府が「事後チェック」に力を入れ始めたこと、そして第三に一般的な要因として被害にあっても、多くの場合、消費者が泣き寝入りしてしまうことである。

このような現実を踏まえて、高は二〇〇六年七月から動き出した「消費者団体訴訟制度」(根拠となる法律は改正消費者契約法)の意義を高く評価している。この制度は、問題のある販売活動をして消費者に被害をもたらしている事業者に対して、消費者団体が「差止請求」を行使することを認めた制度である。消費者の利益を、政府に頼らずに消費者自身が守っていく仕組みである。そして、このような消費者団体の活動に企業が支援するようなインセンティブをつくり出していこうというのが高の主張である。また、団体訴権を有する適格消費者団体の担い手として十分な法律家の供給も不可欠である。その意味で、司法制度改革は、このようなメカニズムが実質的に機能することを支援する。

このような仕組みがあって初めて、生活者である消費者が市場システムのガバナンスにおいて積極的な役割を果たせるのである。

四　生活者の協働は創発できるか?

さて、本書が示してきた生活者が市場をとおしてよき社会をつくり出す仕組みは、果たして本当に実現可能なのだろうか。確かに、電話事業は民営化されて便利な電話機が世にあふれるようになった。しかし、そこでは消費者は狭い意味での自己利益、すなわち個人的に使用する上で効用の高い電話機を購入しようと行動したにとどまる。このような行動は、特に個々の消費者に立派な動機や気高い心を要求していない。それだけに、規制緩和によってこのような社会的便益が発生することを予想するのはきわめて現実的であろう。

しかし、個々の生活者の行動が個人によって排他的に享受できる利益を超えて正の外部性を持つ場合は、個人はその外部性ゆえに個人的にコストを負担して行動することはしないだろうというのが、公共選択論や合理的選択論と言われる社会科学の考え方のスタートラインである。

1　集合行為問題

今、家を新築しようとしている人が、森林認証を受けている材木を使用する工務店に建築を依頼しようかどうか考えているとしよう。その際に、他の工務店で認証材を使わずに建てた場合一〇〇万円安くなることを知った。この一〇〇万円は、日本の森林保全のためのコストである。狭義の自己利益のみを考えるならば、私の家の建築に認証材を使っても他の人はそのような行動をしないので森林環境は改善しない、と考えて追加的一〇〇万円を払わないか、あるいは、森林環境は大事だけれど誰か他の人が認証材を買ってくれれば自分は一〇〇万円を節約できると、「ただ乗り」を選択するかであろう。その集合的な結果は、森林認証制度があるにもかかわらず、効果が生まれないということになる。みんなが協力すれば森林保全ができるのに、協力を生み出すことができないという集合行為問題が発生するかもしれない。

実は、このような集合行為問題は、これまでに挙げた例の中にも含まれている。例えば、訴訟という行為を個人的利益の追求と先例形成という公共的価値が合致する事例として挙げたが、公共的観点からは個人的利益が十分ではなくても訴訟の提起が要請されるということがありうる。少額訴訟を泣き寝入りせずに提起させるようにするというのはそのような要請の一例とも言える。また、松井が金融商品に関して論じているように、消費者のニーズを企業や投資サービス会社に伝達するにもコストがかかるのであり、このようなニーズの伝達に関しても集合行為問題が成立する。

2 賢い選択は可能か

森林認証を受けた材木に積極的に一〇〇万円を払うためには、狭い自己利益計算を超えた動機付けと他の人も同じようによき目的のために行動するだろうという信頼が必要である。本書が取り上げた生活者がつくる市場というメカニズムの可能性は、人々が狭い利害関心を超えた選択を行いうるかにかかっている。

畑中が取り上げた医療評価の例において見てみよう。医療評価は、患者にとって望ましい医療サービスについての情報を提供し、最適なサービス消費を可能にする。しかし、その集合的な結果は、良質の医療サービスへの需要の集中ということになるだろう。そこで生じるのは典型的な希少資源の配分問題である。しかし、医療の世界においては、純然たる市場におけるように価格メカニズムでこの配分を決定する、すなわちよき医療サービスには高い値段を付けてそれを払おうという人へ配分するということはできそうにない。その結果、順番待ちの長い列ができて、それが希少資源の配分メカニズムになる可能性が高いが、これもあまり望ましい配分方法ではないだろう。

畑中は、このような状況を解決するためには、「自分の必要な医療と提供される医療水準の度合いを十分考慮した上で生活者が医療機関を選択して行動することが望まれる。この選択行動が、限られた医療資源を効率的に配分することになるのである。例えば、大病院なら安心と、風邪や軽度の治療で高度医療機関を訪れることや、一般診療所でも可能な治療を専門病院に求めるといった行動を控えることも生活者にできる適正な資源配分への参画なのである」という。ここでも、生活者に狭い自己利益最大化ではない、全体利益を考慮した賢い選択が求められている。

果たしてこれは可能なのだろうか。言うは易く、行うは難しという言葉が思い浮かぶ。しかし、人間にこのような賢い選択を期待することは、必ずしも無い物ねだりではないかもしれない。理論を離れて現実の社会を見れば、阪神大震災以来、日本社会においてもボランティア活動を行う人々が増えてきた。自己利益の最大化の対極にある、利他的な行動である。最近流行の経済学実験でも、裏切りが利益になるような状況を設定して人々が利益のために実際裏切りを行うかどうかを調べる実験において、裏切らずに協力をする人が相当多いことが示されている。さらには、合理的に考えれば自分の一票では決して選挙結果が変わるはずもないのに、六〇パーセント近い人がまじめに投票している。世間は、それほど捨てたものでもないと思うところからすべてが始まる。

また、生活者の協働を支援する制度的インフラというものもありうる。高が紹介している少額多数被害問題を解決する「クラスアクション」と呼ばれるアメリカの制度は、副作用もあるかもしれないが、そのような試みの一つであろう。あるいは、業界におけるサービスの質を維持しようとする事業者が、生活者による協働を支援するかもしれない。消費者団体による団体訴権行使を支援する消費者支援基金を支援する事業者は、そのような役割を果たしていると言える。また、松井が紹介する金融商品取引法上の「認定投資家保護団体」にも、投資家の集合行為問題の解決が期待されている。

このように、賢い選択の実践は容易ではない。しかし、生活者が協働して、市場メカニズムを利用しつつよき社会をつくり出していく道は開かれているのである。

松井　智予（まつい・ともよ）

1977年生まれ、東北大学大学院法学研究科准教授

研究テーマ：企業法・商取引法。企業法プロパーのほか、企業活動とその外にある価値観や政策、例えば環境、年金政策、消費者安全などの関わり方について研究している。

主要著書・論文：「会社法による債権者保護の構造（1〜5・未完）」（『法学協会雑誌121巻3号（2004）以下』ほか

阿部　昌樹（あべ・まさき）

1959年生まれ、大阪市立大学大学院法学研究科教授

研究テーマ：住民運動、自治体行政、司法制度改革等を分析対象として、「社会のなかの法」の実態を多面的に研究している。

主要著書：『争訟化する地方自治』（勁草書房、2003）ほか

高　　巖（たか・いわお）

1956年生まれ、麗澤大学大学院教授、京都大学大学院客員教授

研究テーマ：企業と社会の持続可能性に関わる制度設計等に関心を持っており、企業社会責任、ビジネスエシックス、意思決定論を専門とする。

主要著書：『誠実さ（インテグリティ）』を貫く経営』（日本経済新聞社、2006）、『ビジネスエシックス』（文眞堂、2004）、『コンプライアンスの知識』（日本経済新聞社、2003）ほか

執筆者紹介

藤谷　武史（ふじたに・たけし）

1976年生まれ、北海道大学大学院法学研究科准教授

研究テーマ：ＮＰＯに対する税制優遇の理論的検討から出発して、現在は、社会に存在する様々な公的ニーズ実現のための多様な資金供給の仕組みを法学者の立場から考えようとしている。

主要著書・論文：「非営利公益法人の所得課税——機能的分析の試み」（『ジュリスト』1265号、2004）

城山　英明（しろやま・ひであき）

1965年生まれ、東京大学大学院法学政治学研究科教授

研究テーマ：国際行政と国内行政、政府と民間部門、科学技術と公共政策の境界領域を主たる対象として、制度的枠組みや政策プロセスの変容を研究している。

主要著書・論文：『科学技術ガバナンス』（編著、東信堂、2007）、『国際援助行政』（東京大学出版会、2007）、『（続）中央省庁の政策形成過程』（共編著、中央大学出版部、2002）ほか

打越　綾子（うちこし・あやこ）

1971年生まれ、成城大学法学部准教授

研究テーマ：地方自治体の政治行政が主たるテーマ。その中でも、過疎化が進む地域の問題、都市と農村の交流について関心を持っている。

主要著書・論文：『自治体における企画と調整』（日本評論社、2004）、『川崎市政の研究』（編著、敬文堂、2006）ほか

畑中　綾子（はたなか・りょうこ）

1976年生まれ、東京大学大学院法学政治学研究科ＣＯＥ特任研究員

研究テーマ：民法・医事法の観点から医療政策の課題や医療制度の法的な問題について考えている。

主要著書・論文：「医師の説明義務違反における損害論——義務違反と結果との因果関係を否定した事例をめぐって」『生命倫理と法Ⅱ』（分担執筆、弘文堂、2007）ほか

編者紹介

久米　郁男（くめ・いくお）

1957年生まれ、早稲田大学政治経済学部教授

研究テーマ：利益団体の役割に焦点を当てながら、日本の政治経済の特徴について研究している。

主要著書・論文：『労働政治』（中公新書）、『日本政治変動の30年――政治家・官僚・団体調査に見る構造変容』（共編著、東洋経済新報社、2006）ほか

【未来を拓く人文・社会科学シリーズ 06】

生活者がつくる市場社会

2008年2月10日　初版　第1刷発行　〔検印省略〕

＊定価はカバーに表示してあります

編者©久米郁男　発行者　下田勝司　印刷・製本　中央精版印刷

東京都文京区向丘1-20-6　郵便振替　00110-6-37828

〒113-0023　TEL 03-3818-5521（代）　FAX 03-3818-5514

発行所　株式会社　東信堂

E-Mail tk203444@fsinet.or.jp

Published by TOSHINDO PUBLISHING CO.,LTD.

1-20-6,Mukougaoka, Bunkyo-ku, Tokyo, 113-0023, Japan

ISBN978-4-88713-809-4　C0330　

「未来を拓く人文・社会科学シリーズ」刊行趣旨

少子高齢化、グローバル化や環境問題をはじめとして、現代はこれまで人類が経験したことのない未曾有の事態を迎えようとしている。それはとりもなおさず、近代化過程のなかで整えられてきた諸制度や価値観のイノベーションが必要であることを意味している。これまで社会で形成されてきた知的資産を活かしながら、新しい社会の知的基盤を構築するためには、人文・社会科学はどのような貢献ができるのであろうか。

本書は、日本学術振興会が実施している「人文・社会科学振興のためのプロジェクト研究事業（以下、「人社プロジェクト」と略称）」に属する14のプロジェクトごとに刊行されるシリーズ本の1冊である。

「人社プロジェクト」は、研究者のイニシアティブを基盤としつつ、様々なディシプリンの諸学が協働し、社会提言を試みることを通して、人文・社会科学を再活性化することを試みてきた。そのなかでは、日本のあり方、多様な価値観を持つ社会の共生、科学技術や市場経済等の急速な発展への対応、社会の持続的発展の確保に関するプロジェクトが、トップダウンによるイニシアティブと各研究者のボトムアップによる研究関心の表明を組み合わせたプロセスを通して形作られてきた。そして、プロジェクトの内部に多様な研究グループを含み込むことによって、プロジェクト運営には知的リーダーシップが求められた。また、プロジェクトや領域を超えた横断的な企画も数多く行ってきた。

このようなプロセスを経て作られた本書が、未来の社会をデザインしていくうえで必要な知的基盤を提供するものとなることを期待している。

2007年8月

人社プロジェクト企画委員会
城山英明・小長谷有紀・桑子敏雄・沖大幹

■未来を拓く人文・社会科学シリーズ既刊紹介

【01】科学技術ガバナンス　城山英明編

地球時代の科学技術のあり方は？

専門家、行政府、団体、市民等、多様なアクターの連携により、リスクの制御をめざし科学技術をマネジメントする。

主要目次

2007年10月刊・四六判・並製・224頁・本体1800円
ISBN978-4-88713-789-9　C0330

東信堂

■未来を拓く人文・社会科学シリーズ既刊紹介

【02】ボトムアップな人間関係
——心理・教育・福祉・環境・社会の12の現場から　サトウタツヤ編

人間関係の捉え直しから水平的社会の構築へ

環境、法、医療、福祉等多領域にわたって、水平的人間関係のあり方を追求する。

主要目次

2007年10月刊・四六判・並製・192頁・本体1800円

ISBN978-4-88713-790-5　C0330

東信堂

■未来を拓く人文・社会科学シリーズ既刊紹介

【03】高齢社会を生きる　清水哲郎編
──老いる人／看取るシステム

現場から考える高齢者の生・死・看取り

家庭や地域における高齢者医療の現状と課題を捉え直し、新たな実践の場として「ナラティブホーム」をドキュメントする。

主要目次

2007年10月刊・四六判・並製・224頁・本体1800円

ISBN978-4-88713-791-2　C0330

東信堂

■未来を拓く人文・社会科学シリーズ既刊紹介

【04】家族のデザイン　小長谷有紀編

制度化された家族間を超えて

多様かつ変容し続けるのが家族の歴史的実態だ。・少子高齢社会の現実を見据え、通念を超えた新たな現代家族の創出を目指す。

主要目次

2008年1月刊・四六判・並製・224頁・本体1800円

ISBN978-4-88713-807-0　C0330

東信堂

■未来を拓く人文・社会科学シリーズ既刊紹介

[本書] 【06】生活者がつくる市場社会 久米郁男編

持続可能な社会は生活者がつくる

業者や専門家・官僚が支配する現在の市場社会を変えるのは生活者だ。情報の共有と「有権者」としての新たな自覚が新たな市場文明をつくる。

主要目次

2008 年 2 月刊・四六判・並製・224 頁・本体 1800 円

ISBN978-4-88713-809-4　C0330

東信堂

東信堂

〒113-0023　東京都文京区向丘 1-20-6　TEL 03-3818-5521　FAX03-3818-5514　振替 00110-6-37828
Email tk203444@fsinet.or.jp　URL:http://www.toshindo-pub.com/